KSIĄŻKA KUCHARSKA Z PODSTAWĄ ROMANTYCZNYCH DATY 2022

100 ROMANTYCZNYCH PRZEPISÓW:
WALENTYNKI, KOLACJE ROCZNICOWE,
URODZINOWE, ZARĘCZYNOWE.

KLARA KOZAK

Wszelkie prawa zastrzeżone.

Zastrzeżenie

Informacje zawarte w tym eBooku mają służyć jako obszerny zbiór strategii, na temat których autor tego eBooka przeprowadził badania. Streszczenia, strategie, porady i wskazówki są jedynie rekomendacjami autora, a przeczytanie tego eBooka nie gwarantuje, że czyjeś wyniki będą dokładnie odzwierciedlać wyniki autora. Autor eBooka dołożył wszelkich uzasadnionych starań, aby zapewnić aktualne i dokładne informacje dla czytelników eBooka. Autor i jego współpracownicy nie ponoszą odpowiedzialności za jakiekolwiek niezamierzone błędy lub pominięcia, które mogą zostać znalezione. Materiał w eBooku może zawierać informacje pochodzące od osób trzecich. Materiały osób trzecich zawierają opinie wyrażone przez ich właścicieli. W związku z tym autor eBooka nie ponosi odpowiedzialności za materiały lub opinie osób trzecich.

Książka elektroniczna jest chroniona prawami autorskimi © 2022 z wszelkimi prawami zastrzeżonymi. Redystrybucja, kopiowanie lub tworzenie prac pochodnych na podstawie tego eBooka w całości lub w części jest nielegalne. Żadna część tego raportu nie może być reprodukowana ani retransmitowana w jakiejkolwiek formie reprodukowanej lub retransmitowanej w jakiejkolwiek formie bez pisemnej wyraźnej i podpisanej zgody autora.

SPIS TREŚCI

SPIS TREŚCI..4

WPROWADZANIE...8

1. Boczek i Wędzone Ostrygi..9
2. Przystawki z sera pleśniowego i orzechów włoskich...............11
3. Buffalo Wings z Sosem Serowym................................13
4. Kawiorowe pocałunki serca.....................................16
5. Przystawki Cheddar i Brokuły..................................18
6. Ser i Kiełbasa Przekąski.......................................21
7. Czapki z grzybami nadziewanymi małżami.....................22
8. Kurczak w Jedwabistym Sosie Migdałowym.....................25
9. Stek z estragonem...28
10. Wolnowar teriyaki miski z łososiem..........................32
11. Ćwiartki z kurczaka pieczone z klonu........................36
12. Roladki ze szpinaku i karczocha.............................39
13. Makaron z bakłażanem, burratą i miętą......................41
14. Duszone klopsiki i puree ziemniaczane......................44
15. Zaręczynowy makaron z kurczakiem..........................49
16. Surf i murawa dla dwojga....................................53
17. Zapiekanka z makaronem z homarem..........................58
18. Risotto z kurczakiem i wiosennym groszkiem................62
19. Jagnięcina w musztardowej panierce.........................65
20. Pizza z prosciutto i rukolą?................................69
21. Paella z kurczakiem, krewetkami i chorizo.................72
22. Estragon Baranek...76
23. Ryż Hiszpański z Wołowiną...................................79
24. Kurczak w parmezanie...82
25. Steki z łososia w sosie z białego wina....................84
26. Fettuccine ze śmietaną, bazylią i romano..................87

28. Steki z łososia w sosie ogórkowo-koperkowym..................91
29. Sałatka Taco z Indyka..94
30. Cornish Game Hen z farszem Kasha..............................97
31. Sałatka Romans w Misce..100
32. Różowa Sałatka..102
33. Mieszana zielona wiosenna sałatka............................105
34. Chrupiąca sałatka z tofu i bok choy............................107
35. Sałatka z grilla wieprzowego....................................110
36. Sałatka z czerwoną papryką i szpinakiem...................113
37. Sałatka ze Szpinakiem i Pekanem..............................115
38. Zaktualizuj sałatkę..117
39. Sałatka Kalifornijska..120
40. Sałatka z Melon Prosciutto......................................122
41. Sałatka Gorken..124
42. Sałatka z Kolorowej Fasoli.......................................126
43. Colesław dla dwojga...128
44. Konfetti Zniesławionych..130
45. Sałatka Caponata...132
46. Sałatka z Zielonej Fasoli i Gruszki.............................135
47. Sałatka Żurawinowo-Marchewowa...........................138
48. Sałatka Koperkowo-Pomarańczowa z Czarnymi Oliwkami...140
49. Sałatka z Żółtego Buraka z Gruszkami......................142
50. Sałatka z Endywia i Pomarańczy...............................145
51. Zupa Miłości..147
52. Białe wino Coq Au Vin..150
53. Zupa karczochowa z chipsami z pasternaku................153
54. Zupa piwno-serowa..157
55. Zupa Krem z Endywii..160
56. Zupa krem z salsefii i grzybów..................................162
57. Zupa Kukurydziano-Krewetkowa w Curry...................165
58. Zupa z dyni i jabłka z curry......................................168
59. Ostra i kwaśna zupa z krewetek................................171
60. Węgierska Zupa Wiśniowa......................................174

61. Indyjska Zupa Grochowa...176
62. Włoska Zupa z Kurczaka..179
63. Zupa z serem jalapeno...182
65. Pudding Pecan..187
66. Tarty Bezowe z Truskawkami..190
68. Mus z likieru kawowego..194
69. Batony z masłem orzechowym.......................................196
70. Dekadencki tort lodowy..198
72. Czekoladowe kwadraty z masłem orzechowym.........202
73. Brzoskwiniowy Deser Melba..205
74. Mrożony Jogurt Cynamonowo Orzechowy.................207
75. Krówka pięciominutowa..209
76. Skórka Migdalowo-Owsiana..212
77. Deser Jabłkowy Fantasy..214
78. Lody o smaku awokado..216
79. Ciasto z kremem bananowym..219
80. Jagodowy głupiec..221
81. Tiramisu z jagodami..223
82. Karmelki z masłem i rumem...226
83. Kandyzowana skórka cytrusowa...................................229
84. Kardamonowo-Kokosowa Panna Cotta......................231
85. Krem brulee z cykorii...234
86. Miętowe Fondue Czekoladowe.....................................237
87. Budyń Czekoladowy z Toppers......................................239
88. Czekoladowo-Toffi Cracker Crunch...............................242
89. Fondue..245
90. Hawajskie ciasto budyniowe..247
91. Le cordon bleu..249
92. Soczyste batoniki cytrynowe Meyera..........................252
93. Ciasto Milionera..255
94. Pomarańczowe i Kremowe Popsy.................................258
95. Różowe Ciasto Lemoniadowe..260
96. Paluszki..262

97. Szyszki śnieżne dla dorosłych..265
98. Mokka Fondue...267
99. Tiramisu..269
100. Turecka rozkosz..272

WNIOSEK..**275**

WPROWADZANIE

Chociaż wszyscy uwielbiamy wieczorne wyjścia, wieczorne randki również mogą być wyjątkowe. Kiedy ostatnio zorganizowałeś romantyczną kolację na randkę dla swojego partnera? Zamiast wyciągać te mniej niż apetyczne resztki z zamrażarki, możesz urozmaicić zarówno swój talerz, jak i swoje życie miłosne, nawet bez wychodzenia z domu – i przy okazji zagotować sobie nawzajem apetyt.

Mając to na uwadze, ta książka podzieli się inspirującymi romantycznymi kolacjami, aby uczcić Twoją wyjątkową miłość, niezależnie od tego, czy będą to walentynki, rocznicowe kolacje, kolacje urodzinowe, kolacje zaręczynowe. Albo po prostu dlatego!

1. Boczek i Wędzone Ostrygi

Składniki:

- 2 puszki wędzonych ostryg
- 1/4 szklanki lekkiego oleju roślinnego
- 1/2 funta paski boczku
- 40 Okrągłe drewniane wykałaczki
- 3 łyżki czosnku, mielonego

Wskazówki:

a) Pokrój paski boczku na trzy części.
b) Owiń plaster bekonu wokół każdej ostrygi i włóż wykałaczkę, aby utrzymać ją na miejscu.
c) Na średniej patelni rozgrzej olej i dodaj czosnek.
d) Owinięte ostrygi smaż na oleju, aż bekon będzie chrupiący.
e) Zdejmij z patelni i odsącz na ręczniku papierowym do odsączenia.

2. Przystawki z sera pleśniowego i orzechów włoskich

Składniki:

- 1 szklanka orzechów włoskich
- 1 szklanka pokruszonego sera pleśniowego
- 1 jajko ubite z 1 tabletką wody

Wskazówki:

a) Po prostu posiekaj 1 szklankę orzechów włoskich (w zależności od wielkości brie, którą chcesz przykryć) i wymieszaj z 1 szklanką pokruszonego sera pleśniowego. Dociśnij górną część Brie i ostrożnie zawiń arkusz rozmrożonego ciasta francuskiego (rozwałkuj do wymaganego rozmiaru).
b) Użyj palców zwilżonych zimną wodą, aby uszczelnić spód ciasta. Odetnij nadmiar, aby zrobić wycięcia.
c) Posmaruj mieszanką jajeczną.
d) Piec na blasze pokrytej pergaminem w piekarniku o temperaturze 375 stopni przez około 20 minut do uzyskania złotego koloru. (Pergamin ułatwia przeniesienie Brie do naczynia). Odstaw Baked Brie na 20-30 min. przed cięciem, aby trochę się jędrne.

3. Buffalo Wings z Sosem Serowym

Składniki:

- 6 łyżek masła lub margaryny
- 1/4 szklanki sosu paprykowego
- Olej roślinny do smażenia
- 18 Skrzydełka z kurczaka, rozdzielone

Sos do maczania z sera pleśniowego:

- 1/4 funta Ser pleśniowy, Roquefort lub Gorgonzola
- 1/2 łyżeczki majonezu
- 1/2 szklanki śmietany
- 1 łyżka soku z cytryny
- 1 łyżka octu winnego
- Ostry sos paprykowy do smaku

Wskazówki:

a) Rozpuść masło w małym rondelku. Dodaj ostry sos i zdejmij z ognia.
b) Na dużej patelni lub frytownicy rozgrzej 1 cal oleju do 375. Smaż skrzydełka partiami bez stłoczenia na złoty kolor, 12 1/2 minuty. Odsącz na ręcznikach papierowych.
c) Skrzydełka posmarować pikantnym masłem. Podawaj na ciepło z sosem do maczania z sera pleśniowego.
d) Sos do maczania z sera pleśniowego:

e) W małej misce zetrzyj ser pleśniowy, pozostawiając kilka małych grudek. Wymieszaj majonez, aż się zmiksują. Dodaj śmietanę, sok z cytryny,
f) ocet winny i ostry sos paprykowy; ubijaj, aż dobrze się połączą.
g) Przykryj i wstaw do lodówki do czasu podania

4. Kawiorowe pocałunki serca

Składniki:

- 1 Ogórek, wyszorowany i przycięty
- 1/3 szklanki kwaśnej śmietany
- 1 łyżeczka suszonego koperku
- Świeżo zmielony czarny pieprz do smaku
- 1 słoik czerwonego kawioru z łososia
- Świeże gałązki kopru
- 8 Cienkie kromki chleba pełnoziarnistego
- Masło lub margaryna

Wskazówki:

a) Pokrój ogórek na ćwierćcalowe krążki.
b) W małej misce wymieszać śmietanę, suszony koperek i pieprz. Na każdy plasterek ogórka połóż jedną łyżeczkę mieszanki śmietany. Udekoruj każdą około 1/2 łyżeczki kawioru i gałązką koperku.
c) Pokrój kromki chleba za pomocą foremki do ciastek w kształcie serca. Tost i masło. Połóż plasterki ogórka na środku talerza do serwowania i otocz serduszkami tostowymi.

5. Przystawki Cheddar i Brokuły

Składniki:

- 8 uncji Całego ziarna kukurydzy; osuszony
- 1/4 łyżki cebuli; posiekany
- 1/2 szklanki orzechów włoskich; grubo posiekane
- 1/2 szklanki mleka
- 1/4 szklanki masła; stopiony
- 2 jajka
- 1/2 łyżki Biszkoptu
- 1/4 łyżeczki soli czosnkowej
- 1 łyżka sera Cheddar; rozdrobnione
- 10 uncji mrożonych posiekanych brokułów

Wskazówki:

a) Rozgrzej piekarnik do 375. Nasmaruj patelnię 9x9x2".
b) Wymieszaj brokuły, kukurydzę, cebulę i orzechy włoskie. Umieść na patelni.
c) Mleko, masło, jajka, biszkopt i sól czosnkową ubić na gładką masę, 15 sekund. w blenderze na wysokim poziomie, często zatrzymując blender, aby zeskrobać boki, jeśli to konieczne, lub 1 minutę. z mikserem elektrycznym na wysokości. Wlać równomiernie na patelnię.
d) Piec, aż nóż włożony do środka wyjdzie czysty, 23-25 minut.; posyp serem.

e) Piecz, aż ser się rozpuści, 2-3 minuty dłużej. fajne 30 minut. Pokrój w trójkąty lub kwadraty. Na 30 przystawek.

6. Ser i Kiełbasa Przekąski

Składniki:
- 1 bułka z kiełbasą
- 1 cebula hiszpańska, drobno posiekana
- 1 funt startego sera cheddar
- 3c Bisquick
- 3/4 szklanki mleka

Wskazówki:

a) Zmiksuj mięso kiełbasiane i cebulę w blenderze. Dodaj ser cheddar, biszkopt i mleko i dobrze wymieszaj.

b) Upuść z łyżeczki na wysmarowaną tłuszczem blachę do ciastek Piecz w temperaturze 425 stopni Fahrenheita przez 10-15 minut lub do zrumienienia.

7. Czapki z grzybami nadziewanymi małżami

Składniki:

- 1/2 szklanki masła
- 2 funty grzybów, 1-1 / 2 "do 2" średnicy
- 1 c Mielone małże z płynem
- 1 Ząbek czosnku, mielony
- 1/2 szklanki suszonej bułki tartej
- 1/3 szklanki natki pietruszki, posiekanej
- 3/4 łyżeczki soli
- 1/4 łyżeczki mielonego czarnego pieprzu
- Sok cytrynowy

Wskazówki:

a) Rozpuść masło w rondlu.
b) Usunąć i pokroić w kostkę łodygi grzybów. Zanurz kapelusze grzybów w maśle i ułóż zaokrągloną stroną do dołu na ruszcie na blasze po ciastkach.
c) Odcedź małże i zachowaj płyn.
d) W roztopionym maśle, podsmażamy łodyżki grzybów i czosnek. Dodaj płyn z małży i gotuj na wolnym ogniu, aż łodygi grzybów będą miękkie. Zdejmij z ognia i wymieszaj bułkę tartą, pietruszkę, sól i pieprz.

e) Łyżkę mieszanki do kapeluszy grzybowych. Podpiekaj około 6 cali z ognia przez około 8 minut, aż grzyby będą miękkie, a wierzchy lekko zarumienione. Posyp kilka kropel soku z cytryny i podawaj na gorąco.

8. Kurczak w Jedwabistym Sosie Migdałowym

Składniki:

- 16 sztuk kurczaka ze skórą
- 5 średnich cebul pokrojonych w cienkie plasterki
- 2 łyżki oleju roślinnego
- 6 łyżek blanszowanych mielonych migdałów
- 3 łyżki mielonej kolendry
- 2 łyżki posiekanego świeżego imbiru
- 2łyżeczkimielony kardamon
- 1łyżeczkioczywiście sól
- 2łyżeczkimielona czerwona papryka
- 1łyżeczkimielony kminek
- 1/2łyżeczkikoper mielony
- 1/2 szklanki oleju roślinnego
- 2 szklanki jogurtu naturalnego
- 1 szklanka wody
- świeża kolendra (dekoracja)

Wskazówki:

a) Osusz kurczaka.
b) Podgrzej 2 łyżki oleju roślinnego na ciężkiej dużej patelni na średnim ogniu.
c) Dodaj kurczaka partiami i smaż ze wszystkich stron, aż przestanie się różowy (nie brązowieć).
d) Wyjąć łyżką cedzakową i odstawić.

e) Podgrzej 1/2 szklanki oleju roślinnego na patelni. Dodać pokrojoną w plasterki cebulę i smażyć do zwiędnięcia i jasnobrązowego, cały czas mieszając, około 10 minut.
f) Dodaj migdały, kolendrę, imbir, kardamon, sól, mieloną czerwoną paprykę, kminek i koper włoski i gotuj jeszcze 3 do 5 minut. Usuń mieszaninę z ognia.
g) Przełóż połowę mieszanki do malaksera lub blendera. Puree z 1/2 jogurtu i 1/2 wody.
h) Powtórz z resztą mieszanki, jogurtem i wodą.
i) Wlej sos z powrotem na patelnię.
j) Dodaj kurczaka na patelnię. Ustawić na średnim ogniu i zagotować.
k) Zmniejsz ogień, przykryj i gotuj na wolnym ogniu, aż kurczak zmięknie, a sos zgęstnieje, około 45 minut.
l) Usuń z ognia. Odstawić w temperaturze pokojowej na około 30 minut.
m) Przełóż do naczynia do serwowania, udekoruj kolendrą i od razu podawaj.

9. Stek z estragonem

Składniki:

Steki

- 1 łyżeczka oleju rzepakowego
- 2 steki z fileta mignon o grubości 1 ½ cala, czyli duże seksowne steki, łącznie od 12 do 14 uncji
- ½ łyżeczki każdej koszernej soli i świeżo zmielonego pieprzu
- 1 duża szalotka, mielona
- ½ łyżeczki posiekanego świeżego tymianku
- 1/4 szklanki słodkiego wermutu
- 3/4 szklanki rosołu z kurczaka lub wołowiny o obniżonej zawartości sodu
- ½ łyżeczki mąki kukurydzianej lub maranta

Grzyby estragon

- 2 łyżeczki oliwy z oliwek z pierwszego tłoczenia
- 2 pokrojone szalotki, oddzielone białe i zielone części
- 4 szklanki pokrojonych w plasterki grzybów mieszanych, dzikich, shiitake i/lub białych
- ¼ łyżeczki soli
- ½ łyżeczki posiekanego świeżego estragonu

Wskazówki:

a) Rozgrzej piekarnik do 425 stopni F.
b) Rozgrzej olej rzepakowy na średnio ciężkiej patelni żaroodpornej. W międzyczasie posyp steki solą koszerną i pieprzem. Gdy olej zacznie się zagotować, dodaj steki i smaż, aż spód będzie głęboko zarumieniony, około 5 minut. Odwróć steki, włóż zdalny termometr żaroodporny na środek jednego steku (jeśli jest używany) i przenieś patelnię do piekarnika.
c) Piecz, aż steki osiągną 130 stopni F przez średnio wysmażone 8 do 11 minut. Przełóż steki na talerz i namiot z folią, aby się ogrzać.
d) Umieść patelnię na średnim ogniu. Zachowaj ostrożność, uchwyt będzie gorący!! Dodaj szalotkę i tymianek na patelnię i gotuj, mieszając, aż szalotka się zrumieni, około 30 sekund. Dodaj wermut i gotuj na wolnym ogniu, aż prawie zmniejszy się o połowę. Wymieszaj skrobię kukurydzianą do bulionu i dodaj do patelni. Doprowadź do wrzenia, mieszając. Gotuj, aż lekko zgęstnieje i zredukuj do około $\frac{1}{2}$ szklanki. Usuń z ognia.
e) W międzyczasie podczas pieczenia steków rozgrzej oliwę z oliwek na dużej patelni na

średnim ogniu. Dodaj szalotki, pieczarki i sól i gotuj, mieszając od czasu do czasu, aż grzyby się zrumienią, a soki wyparują, 6 do 8 minut. Dodaj szalotkę i estragon i zdejmij z ognia.

f) Steki podawać z sosem wermutowym i pieczarkami.

10. Wolnowar teriyaki miski z łososiem

Składniki:

- 4 łodygi trawy cytrynowej, posiniaczone i pokrojone na 4-calowe kawałki
- 1 bulwa kopru włoskiego (około 14 uncji), pokrojona w plastry
- 4 szalotki, przekrojone na pół w poprzek
- 1/3 szklanki wody
- 1/3 szklanki wytrawnego białego wina
- 1 (2 funty) centralnie krojony filet z łososia ze skórą
- 2 1/2 łyżeczki soli koszernej, podzielonej
- 1 łyżeczka czarnego pieprzu, podzielona
- 12 uncji brukselki, pokrojone na ćwiartki
- 2 łyżki oliwy z oliwek, podzielone
- 6 uncji czapek grzybów shiitake, pokrojonych w plastry
- 1/2 szklanki soku ananasowego
- 2 łyżki sosu sojowego
- 1 łyżka brązowego cukru
- 1 łyżeczka mąki kukurydzianej
- 1 łyżeczka sezamu
- 3 szklanki ugotowanego brązowego ryżu
- 1 szklanka marchewki zapałki
- Kliny limonkowe, do serwowania

Wskazówki:

a) Złóż 30 x 18-calowy kawałek papieru pergaminowego na pół wzdłuż; Złóż ponownie na pół na krzyż (krótki koniec do krótszego końca), aby utworzyć kawałek o grubości 4 warstw. Umieść złożony pergamin na dnie 6-litrowej wolnowaru, pozwalając, aby jego końce wystawały częściowo do góry.

b) Ułóż połowę trawy cytrynowej, kopru włoskiego i szalotki w równej warstwie na pergaminie w powolnej kuchence. Dodaj wodę i wino. Posyp łososia 1 łyżeczką soli i 1/2 łyżeczki pieprzu; umieść na mieszance trawy cytrynowej. Top łososia z resztą trawy cytrynowej, szalotki i kopru włoskiego. Przykryj i gotuj na WYSOKIEJ, aż płatki łososia będą łatwo płatki widelcem, 1 do 2 godzin. Używając wkładki z papieru pergaminowego jako uchwytów, podnieś łososia z wolnowaru, pozwalając, aby płyn spłynął. Wyrzucić mieszankę w wolnym naczyniu. Odłóż łososia na bok.

c) Rozgrzej piekarnik do 425°F. Wymieszaj brukselkę z 1 łyżką oliwy z oliwek, 1 łyżeczką koszernej soli i 1/2 łyżeczki czarnego pieprzu na blasze do pieczenia. Piecz w nagrzanym piekarniku do miękkości i chrupkości przez 20 do 25 minut. Rozgrzej pozostałą 1 łyżkę oliwy z oliwek na patelni na średniej wysokości i usmaż grzyby z 1/2 łyżeczki koszernej soli do miękkości, 3 do 4 minut. Dodaj grzyby do blachy do pieczenia z brukselką; wytrzeć patelnię do czysta.

d) Ugotuj sok ananasowy, sos sojowy, brązowy cukier i skrobię kukurydzianą na patelni na średnim poziomie, ciągle ubijając, aż zgęstnieje, około 3 minut. Posmaruj 1/4 szklanki sosu około 1 1/4 funta ugotowanego łososia; posyp sezamem.

e) Łososia ułożyć na blasze do pieczenia z pieczarkami i brukselką; podpiekać na WYSOKIEGO 6 cali od ognia, aż glazura zgęstnieje, około 2 minuty.

f) Brązowy ryż podzielić na 4 miski. Ułóż równomiernie na wierzch z łososiem, brukselką, pieczarkami i marchewką zapałkową. Skrop pozostałym sosem; podawać z ćwiartkami limonki.

11. Ćwiartki z kurczaka pieczone z klonu

Składniki:

- 2 łyżki oliwy z oliwek
- 2 duże ćwiartki kurczaka lub 4 udka z kurczaka, osuszone i natarte solą (najlepiej koszerne)
- 2 marchewki, obrane i pokrojone w ćwiartki
- 1 duży ziemniak, obrany i pokrojony w kostkę
- 1 mała cebula, pokrojona w plastry
- 6 ząbków czosnku nieobranych
- 1 łyżeczka soli (najlepiej koszerna)
- 2 łyżki czystego syropu klonowego
- 1 łyżka świeżych liści tymianku

Wskazówki:

a) Rozgrzej piekarnik do 220C. Przygotuj małe naczynie żaroodporne lub patelnię 8x8.

b) Na dużej patelni na średnim ogniu rozgrzej 1 łyżkę oleju. Gdy będą gorące, dodaj kawałki kurczaka skórą do dołu i przyrumieniaj przez 5 minut. Odwróć i brązuj drugą stronę przez 5 minut.

c) W międzyczasie do dużej miski dodaj marchewki, ziemniaki, cebulę i czosnek i wymieszaj z pozostałą 1 łyżką oleju i soli. Rozłóż równomiernie na dnie formy do pieczenia.

d) Gdy kurczak się zrumieni, przełóż kurczaka na wierzch warzyw, skórą do góry. Posmaruj równomiernie syropem klonowym i posyp tymiankiem.

e) Piecz przez 35-45 minut lub aż temperatura wewnętrzna osiągnie 165F/74°C. Jeśli kurczak jest gotowy przed warzywami, usuń kurczaka i gotuj warzywa przez kolejne 5-10 minut lub do momentu, gdy zmiękną.

12. Roladki ze szpinaku i karczocha

SKŁADNIKI

- 1 funt stek z boku
- 1 15,5-oz. puszka serc karczochów, odsączonych i posiekanych
- 2c. młody szpinak, posiekany
- 2 ząbki czosnku, posiekane
- 1c. ricotta
- 1/2 dol. rozdrobniony biały ser Cheddar
- Sól koszerna
- Świeżo zmielony czarny pieprz

Wskazówki:

a) Rozgrzej piekarnik do 350°. Na desce do krojenia stek z motyla, aby był długim prostokątem, który leży płasko.
b) W średniej misce wymieszać karczochy, szpinak, czosnek, ricottę i cheddar i obficie doprawić solą i pieprzem.
c) Stek posmarować dipem szpinakowo-karczochowym. Zwiń mocno stek, następnie pokrój na plasterki i piecz, aż stek będzie upieczony do pożądanego stopnia wysmażenia, przez 23 do 25 minut na średnim poziomie. Podawaj z ubraną zieleniną.

13. Makaron z bakłażanem, burratą i miętą

Składniki

- 1/4 szklanki oliwy z oliwek z pierwszego tłoczenia
- 1 łyżka pokruszonej czerwonej papryki
- 2 ząbki czosnku, pokrojone w cienkie plasterki
- 1 duży bakłażan, pokrojony w 1-calową kostkę (około 2 filiżanki)
- 1 funt niegotowanego makaronu rigatoni, ziti lub orecchiette
- 8 uncji świeżego sera Burrata lub mozzarelli
- 1/2 szklanki porwanej świeżej mięty plus więcej do podania
- 1 łyżeczka skórki z cytryny plus 1 łyżka świeżego soku z cytryny (z 1 cytryny)

Wskazówki:

a) Rozgrzej olej na dużej patelni na średnim poziomie. Dodaj zmiażdżoną czerwoną paprykę i czosnek; gotować, aż pachnie, około 2 minut. Dodaj bakłażana i gotuj, mieszając od czasu do czasu, aż się zrumieni, około 20 minut.

b) W międzyczasie ugotuj makaron we wrzącej osolonej wodzie zgodnie z instrukcją na opakowaniu dla al dente. Odcedź makaron, zachowując 1 szklankę wody do gotowania. Ugotowany makaron umieścić w misce do serwowania; dodaj mieszankę bakłażana. Powoli dodaj zarezerwowaną wodę do gotowania, wyrzucając do płaszcza. Rozerwij świeżą burratę na kawałki nad miską (aby złapać śmietankę z sera) i dodaj podartą świeżą miętę, skórkę z cytryny i sok z cytryny. Wrzucić do połączenia. W razie potrzeby dodaj sól do smaku. Najlepsze porcje z dodatkiem mięty.

14. Duszone klopsiki i puree ziemniaczane

Składniki

Do klopsików

- 1 funt mielonej wołowiny
- 1 funt mielonej wieprzowiny
- 2 duże jajka
- ½ szklanki zwykłej bułki tartej
- ½ szklanki startego parmezanu
- 1 łyżeczka soli
- ½ łyżeczki czarnego pieprzu
- ½ łyżeczki pokruszonych płatków czerwonej papryki
- ¼ szklanki świeżej posiekanej natki pietruszki
- 1 łyżka świeżego posiekanego oregano
- 2 ząbki czosnku posiekane
- 3 łyżki oliwy z oliwek

Do sosu

- 1 średnia szalotka mielona
- 2 ząbki czosnku posiekane
- 3 łyżki mąki
- 2 szklanki bulionu z kurczaka lub wołowiny
- ½ łyżeczki soli
- ½ łyżeczki czarnego pieprzu
- 2 łyżeczki sosu Worcestershire
- Na puree ziemniaczane z pieczonym czosnkiem

- 4 duże ziemniaki do pieczenia obrane i pokrojone w kostkę
- 5 łyżek niesolonego masła
- ¼ szklanki maślanki
- 1 łyżeczka soli
- ¾ łyżeczka czarnego pieprzu
- ½ szklanki startego parmezanu
- 8 obranych ząbków czosnku
- 1 łyżka oliwy z oliwek

Do pieczonego jarmużu
- 4 szklanki świeżego posiekanego jarmużu
- 2 łyżki oliwy z oliwek
- ½ łyżeczki soli
- ½ łyżeczki czarnego pieprzu
- ½ łyżeczki pokruszonych płatków czerwonej papryki

Wskazówki:

a) Rozgrzej piekarnik do 375°F.
b) Aby zrobić klopsiki, w dużej misce wymieszaj mielone mięso, jajka, bułkę tartą, parmezan, sól, pieprz, płatki czerwonej papryki, pietruszkę, oregano i czosnek. Mieszaj rękami, aż równomiernie się połączą. Uformuj mięso w małe kulki wielkości piłek golfowych (ale trochę

mniejsze). Podgrzej duży, wytrzymały garnek na średnim ogniu. Dodaj oliwę z oliwek i obsmaż klopsiki partiami. Gotuj przez około 3 do 4 minut z pierwszej strony lub do uzyskania chrupiącej i złocistobrązowej konsystencji, a następnie odwróć i gotuj przez kolejne 2 do 3 minut. Przełóż na talerz i kontynuuj gotowanie pozostałych klopsików.

c) Gdy wszystkie będą ugotowane, usuń z garnka wszystkie oprócz 1 łyżki oliwy z oliwek. Dodaj szalotkę i czosnek i smaż przez około 5 minut lub do miękkości. Dodaj mąkę i gotuj przez minutę. Powoli wlewaj bulion z kurczaka, cały czas ubijając, aż zasmażka całkowicie się rozpuści. Zmniejsz ogień i gotuj, aż będzie musujące i gęste. Dopraw solą, pieprzem i sosem Worcestershire. Opuść płomień do najniższego poziomu i włóż klopsiki do garnka, umieszczając je w sosie. Dusić około 15-20 minut pod przykryciem.

d) Aby zrobić ziemniaki owiń ząbki czosnku w folię z oliwą z oliwek i szczyptą soli i czarnego pieprzu. Piecz w piekarniku przez około 20 do 25 minut. Włóż ziemniaki do średniego garnka i zalej zimną wodą. Doprowadzić do wrzenia i gotować przez około 15 do 20 minut lub do miękkości widelca. Odcedź i wróć do garnka. Dodaj masło, maślankę, sól, pieprz, pieczony czosnek i parmezan. Zetrzyj na gładko. Utrzymuj ciepło na kuchence na małym ogniu.

e) Aby zrobić jarmuż, umieść go na blasze do pieczenia i wymieszaj z oliwą, solą, pieprzem i płatkami czerwonej papryki. Rozłóż na równej warstwie i piecz przez około 10 do 15 minut lub do zwęglonego i chrupiącego.

f) Do podania nałóż ziemniaki na talerze i posyp pieczonym jarmużem. Na jarmuż ułożyć kilka klopsików i polać sosem. Udekoruj posiekaną świeżą natką pietruszki. Cieszyć się!

15. Zaręczynowy makaron z kurczakiem

Składniki

- 6 uncji suszonego spaghetti
- 4 łyżki masła niesolonego
- 10 gałązek świeżego tymianku
- 10 uncji pokrojonych w plasterki grzybów
- świeżo zmielony czarny pieprz
- Sól
- 2 małe piersi z kurczaka
- 2 łyżeczki oliwy z oliwek
- 1/2 szklanki wytrawnego białego wina
- 4 uncje serka śmietankowego, zmiękczonego

Wskazówki:

a) Zagotuj w dużym garnku osoloną wodę i ugotuj makaron spaghetti.
b) W międzyczasie na dużej, nieprzywierającej patelni rozpuść masło i tymianek na średnim ogniu.
c) Dodaj pokrojone pieczarki na patelnię i wymieszaj, aby posmarować masłem. Pozostaw je do gotowania przez kilka minut w spokoju, aby powstała ładna skórka. Mieszaj i powtarzaj, aż grzyby będą złotobrązowe. Zajmie to około 15 minut.

d) Łyżką cedzakową wyjąć grzyby z patelni, pozostawiając masło i tymianek na patelni. Dodaj olej na patelnię.
e) Sól i pieprz obie strony piersi z kurczaka.
f) Zwiększ temperaturę na średnio-wysoki i obsmaż piersi z kurczaka z obu stron na tej samej patelni, na której były pieczarki. Ponownie gotuj bez przeszkód, aby powstała ładna skórka. Jeśli kurczak przykleja się do patelni, to dlatego, że pierwsza strona nie jest podsmażona. Uwolni się, gdy stanie się złotobrązowy.
g) Wyjmij kurczaka z patelni i przykryj, aby się ogrzał.
h) Zmniejsz ogień i dodaj całe wino
i) Pozwól, aby wino lekko się zagotowało, jednocześnie zeskrobując dno patelni drewnianą łyżką, aby wszystkie brązowe kawałki dostały się do wina.
j) Serek pokroić w kostkę i włożyć do dużej miski.
k) Wyrzuć gałązki tymianku z patelni, a następnie polej gorącym winem serek i mieszaj, aż się rozpuści.
l) Gdy makaron jest gotowy, odcedź go i od razu polej mieszanką winno-serową. Wrzucić

makaron do stopienia i równomiernie rozprowadzić sos serowy.
m) Do miski makaronowej wymieszaj pieczarki.
n) Pokrój kurczaka w plastry i podawaj na wierzchu.

16. Surf i murawa dla dwojga

Składniki

Do steków i przypraw:

- 2,8 uncji steków z fileta mignon, pokrojonych o grubości 2 cali
- 3/4 łyżki soli kamiennej
- 1-1/2 łyżeczki czarnego pieprzu
- 1/2 łyżeczki suszonego mielonego czosnku
- 1/2 łyżeczki suszonej mielonej cebuli
- duża szczypta nasion kopru włoskiego
- mała szczypta płatków czerwonej papryczki chili
- skropić oliwą z oliwek z pierwszego tłoczenia?
- 2 łyżki masła

Do sosu patelni:

- 1 łyżka mielonej szalotki
- 1 ząbek czosnku, zmiażdżony i obrany
- 1 gałązka świeżego rozmarynu
- 1/2 szklanki czerwonego wina, np. Cabernet
- 1 szklanka bulionu wołowego o niskiej zawartości sodu
- 1 łyżka masła
- Na przegrzebki:
- 1 łyżka masła
- 1 łyżka oliwy z oliwek z pierwszego tłoczenia

- 6 dużych przegrzebków morskich
- sól i pieprz

Wskazówki:

a) Połóż stek na talerzu na blacie, aby się rozgrzał przez około 30 minut przed rozpoczęciem gotowania. Rozgrzej piekarnik do 400 stopni.

b) Steki: Do moździerza wsypać sól kamienną, pieprz, suszony czosnek, suszoną cebulę, koper włoski i płatki czerwonej papryczki chili, a następnie grubo zmiażdżyć przyprawy. Alternatywnie możesz użyć młynka do przypraw lub zamiast tego użyć ulubionego środka do nacierania steków ze sklepu. Wierzchołki steków skropić oliwą z oliwek z pierwszego tłoczenia, a następnie obficie posypać nacieraną przyprawą i wcierać w steki. Powtórz po drugiej stronie.

c) Podgrzej dużą, nadającą się do piekarnika patelnię żeliwną lub patelnię o grubym dnie na średnim ogniu, aż będzie bardzo gorąca, a następnie dodaj masło. Po roztopieniu dodaj steki, a następnie obsmaż, aż na dnie powstanie złotobrązowa skórka, 2 minuty. Przerzuć steki, a następnie włóż całą patelnię do piekarnika i piecz przez 10 minut, aby uzyskać średnie wysmażenie (dostosuj czas pieczenia w górę lub w dół w zależności od grubości steków – nasze miały 2 cale grubości). Wyjmij steki na talerz, aby odpocząć podczas przygotowywania reszty dania.

d) Sos z patelni: Umieść gorącą patelnię z powrotem na średnim ogniu, dodaj szalotki i smaż przez 30 sekund. Dodaj rozmaryn, czosnek i wino, a następnie gotuj na wolnym ogniu, aż wino zmniejszy się o połowę. Dodaj bulion wołowy i gotuj na wolnym ogniu, aż sos zgęstnieje i zmniejszy się, 7-9 minut. Dodać masło, posmakować, w razie potrzeby dodać sól i pieprz, a następnie odstawić.

e) Przegrzebki: Przegrzebki osuszyć między warstwami ręczników papierowych, a następnie doprawić solą i pieprzem z obu stron. Roztop masło i oliwę z oliwek z pierwszego tłoczenia na dużej patelni na średnim ogniu, a następnie dodaj przegrzebki i smaż przez 90 sekund. Odwróć, a następnie smaż jeszcze przez 90 sekund.

f) Ułóż steki i przegrzebki na dwóch talerzach, a następnie skrop sosem z patelni na steki i podawaj.

17. Zapiekanka z makaronem z homarem

Składniki

- 2 świeże homary
- 3 łyżki soli
- 1/2 łyżeczki soli
- 3 łyżki masła
- 1 szalotka
- 1 łyżka pasty pomidorowej
- 3 ząbki czosnku
- 1/4 dol. Brandy
- 1/2 dol. ciężki krem
- łyżeczka świeżego czarnego pieprzu
- 1/2 funta makaronu jajecznego
- 1 łyżka świeżego soku z cytryny
- 6 gałązek tymianku

Wskazówki:

a) Ugotuj homary:
b) Napełnij dużą miskę do połowy lodem i wodą i odstaw na bok. Zagotuj w dużym garnku wodę i 3 łyżki soli, a następnie zanurz homary głową naprzód w wodzie szczypcami o długiej rękojeści. Zmniejsz ogień i gotuj pod przykryciem przez 4 minuty. Homary odcedzić i włożyć do przygotowanej kąpieli lodowej do

ostygnięcia. Rozłamać muszle i usunąć ogon oraz mięso pazurów. Zarezerwuj muszle. Pokrój mięso z ogona na medaliony o grubości 1/2 cala, a mięso z pazurów na duże kawałki i odstaw na bok.

c) Upiecz zapiekanki:
d) Rozgrzej piekarnik do 350 ° F. Lekko posmaruj cztery naczynia o pojemności 1 filiżanki lub jedno 9-calowe okrągłe naczynie do pieczenia 1 łyżką masła i odstaw na bok. Pozostałe masło roztopić na średniej patelni na średnim ogniu.
e) Dodaj szalotkę i gotuj do miękkości. Dodaj zarezerwowane muszle, koncentrat pomidorowy i czosnek i gotuj, ciągle mieszając, przez 5 minut.
f) Odsuń patelnię od ognia i dodaj brandy. Wróć do ognia i zagotuj miksturę, ciągle mieszając. Zmniejsz ogień na średnio niski, dodaj 1 1/2 szklanki wody i gotuj na wolnym ogniu, aż lekko zgęstnieje – około 15 minut. Odcedź miksturę i wymieszaj śmietanę, pozostałą sól i pieprz.
g) Dodaj makaron jajeczny, mięso z homara, sok z cytryny i wymieszaj, aby obtoczyć. Rozłóż masę równomiernie między przygotowane naczynia do pieczenia, przykryj folią i piecz, aż homar się

ugotuje, a makaron będzie gorący – około 20 minut.

h) Udekoruj gałązkami tymianku i od razu podawaj.

18. Risotto z kurczakiem i wiosennym groszkiem

Składniki

- 1 łyżka oliwy z oliwek
- ¼ szklanki posiekanej cebuli
- 1 ząbek czosnku, posiekany
- ½ szklanki niegotowanego ryżu arborio
- 2 ¼ szklanki bulionu z kurczaka lub warzyw
- ½ szklanki mrożonego groszku luzem lub zwykłego groszku
- 2 łyżki grubo posiekanej marchewki
- ⅔ szklanka posiekanego gotowanego kurczaka
- 1 szklanka świeżego szpinaku, posiekanego
- 2 łyżki startego parmezanu (1 uncja)
- 1 łyżeczka odciętego świeżego tymianku

Wskazówki:

a) W dużym rondlu rozgrzać olej na średnim ogniu. Dodaj cebulę i czosnek; gotuj, aż cebula będzie miękka. Dodaj niegotowany ryż. Gotuj i mieszaj około 5 minut lub do momentu, gdy ryż stanie się złotobrązowy.

b) W międzyczasie w średnim rondlu zagotować bulion; zmniejszyć temperaturę, aby bulion pozostał na wolnym ogniu. Ostrożnie dodaj 1/2 szklanki bulionu do mieszanki ryżowej, cały czas mieszając. Kontynuuj gotowanie i mieszaj na średnim ogniu, aż płyn się wchłonie. Dodaj kolejne 1/2 szklanki bulionu do mieszanki ryżowej, cały czas mieszając. Kontynuuj gotowanie i mieszaj, aż płyn się wchłonie. Dodaj kolejne 1/2 szklanki bulionu, 1/4 szklanki na raz, cały czas mieszając, aż bulion zostanie wchłonięty. (Powinno to zająć łącznie od 18 do 20 minut).

c) Wymieszać z pozostałym bulionem, groszkiem i marchewką. Gotuj i mieszaj, aż ryż będzie lekko jędrny (al dente) i kremowy.

d) Dodać kurczaka, szpinak, parmezan i tymianek; ciepło przez. Natychmiast podawaj.

19. Jagnięcina w musztardowej panierce

SKŁADNIKI

- 1 pieczeń z jagnięciny nowozelandzkiej (kotlet jagnięcy), 8 żeber
- sól i pieprz
- 3 łyżki musztardy Dijon z pestkami
- 2 łyżki posiekanej świeżej mięty lub listków bazylii
- 4 łyżki posiekanej szalotki
- 1/4 dol. panko (japońska bułka tarta)
- 3 małe czerwone ziemniaki
- 2 łyżki wody
- 1/2 pęczka brokułów rabe
- 1 łyżeczka oliwy z oliwek
- 3 łyżki kwaśnej śmietany o obniżonej zawartości tłuszczu

Wskazówki:

a) Rozgrzej piekarnik do 425 stopni. Ułożyć jagnięcinę mięsną stroną do góry na małej brytfannie. Jagnięcinę posyp 1/4 łyżeczki soli i świeżo zmielonego czarnego pieprzu. W małej misce wymieszać musztardę, miętę i 2 łyżki szalotki. Zarezerwuj 2 łyżki mieszanki musztardy na sos; Rozłóż resztę na jagnięcinie. Wklep panko do płaszcza.

b) Piecz jagnięcinę w piekarniku przez 25 do 30 minut na średnio wysmażony (140 stopni na termometrze mięsnym) lub do pożądanego wypieczenia.
c) W międzyczasie podgrzej 4-litrowy rondel wody do pełnego wrzenia. W średniej misce nadającej się do kuchenki mikrofalowej połącz ziemniaki i 2 łyżki zimnej wody. Przykryj wentylowaną folią foliową i włącz mikrofalówkę na 4 minuty lub do momentu, gdy widelec będzie miękki. Odpływ; wrzucić po 1/8 łyżeczki soli i świeżo zmielonego czarnego pieprzu. Trzymaj się ciepło.
d) Wrzuć brokuły do wrzącej wody w rondlu i gotuj 3 minuty. Odsącz dobrze; wytrzyj patelnię do sucha. W tym samym rondlu rozgrzej olej i pozostałe 2 łyżki szalotki na średnim poziomie; dodać rabe brokuły i gotować 2 minuty, często mieszając. Wrzucić po 1/8 łyżeczki soli i świeżo zmielonego czarnego pieprzu. Trzymaj się ciepło.
e) Wymieszaj śmietanę z zarezerwowaną mieszanką musztardową. Pokrój jagnięcinę na 2-żebrowe porcje i ułóż na 2 talerzach

obiadowych z ziemniakami i rabe brokułową.
Podawaj jagnięcinę z sosem śmietanowym.

20. Pizza z prosciutto i rukolą?

SKŁADNIKI

- 1 funt ciasta na pizzę, w temperaturze pokojowej, podzielony na 2 równe części
- 2 łyżki oliwy z oliwek
- 1/2 szklanki sosu pomidorowego
- 1 1/2 szklanki posiekanego sera mozzarella (6 uncji)
- 8 cienkich plastrów prosciutto
- Kilka dużych garści rukoli

Wskazówki:

a) Jeśli masz kamień do pizzy, umieść go na stojaku pośrodku piekarnika. Rozgrzej piekarnik do 550°F (lub maksymalnej temperatury piekarnika) przez co najmniej 30 minut.

b) Jeśli przekładasz pizzę na kamień w piekarniku, ułóż na dobrze posypanej mąką skórce lub desce do krojenia. W przeciwnym razie ułóż na powierzchni, na której będziesz gotować (papier pergaminowy, blacha do pieczenia itp.). Pracując z jednym kawałkiem ciasta na raz, rozwałkuj lub rozciągnij w okrąg o średnicy od 10 do 12 cali. Brzegi ciasta posmaruj 1 łyżką oliwy z oliwek. Połowę sosu pomidorowego rozprowadź na pozostałej części ciasta. Posyp około 1/4 sera. Ułóż 4 plastry prosciutto tak, aby równomiernie pokrywały ciasto. Posyp kolejną 1/4 sera.

c) Piecz pizzę, aż brzegi się lekko zrumienią, a ser będzie musujący i przyrumieniony w miejscach, około 6 minut w temperaturze 550°F. Wyjmij z piekarnika na deskę do krojenia, połóż połowę rukoli na wierzchu, pokrój i od razu podawaj. Powtórz z pozostałym ciastem i dodatkami.

21. Paella z kurczakiem, krewetkami i chorizo

Składniki

- ½ łyżeczki nitek szafranu, pokruszonych
- 2 łyżki oliwy z oliwek
- 1 funt udek z kurczaka bez skóry i kości, pokrojony na 2-calowe kawałki
- 4 uncje gotowanej, wędzonej hiszpańskiej kiełbasy chorizo, pokrojonej w plastry
- 1 średnia cebula, posiekana
- 4 ząbki czosnku, mielone
- 1 szklanka grubo startych pomidorów
- 1 łyżka wędzonej słodkiej papryki
- 6 filiżanek rosołu z kurczaka o obniżonej zawartości sodu
- 2 szklanki krótkoziarnistego ryżu hiszpańskiego, takiego jak bomba, Calasparra lub Valencia
- 12 dużych krewetek, obranych i pozbawionych żyłki
- 8 uncji mrożonego groszku, rozmrożonego
- Posiekane zielone oliwki (opcjonalnie)
- Posiekana włoska pietruszka

Wskazówki:

a) W małej misce wymieszać szafran i 1/4 szklanki gorącej wody; odstawić na 10 minut.

b) W międzyczasie w 15-calowej patelni do paelli rozgrzej olej na średnim ogniu. Dodaj kurczaka na patelnię. Gotuj, od czasu do czasu odwracając, aż kurczak się zrumieni, około 5 minut. Dodaj chorizo. Gotuj jeszcze 1 minutę. Przenieś wszystko na talerz. Dodaj cebulę i czosnek na patelnię. Gotuj i mieszaj 2 minuty. Dodaj pomidory i paprykę. Gotuj i mieszaj jeszcze 5 minut lub do momentu, gdy pomidory zgęstnieją i będą prawie pasty.

c) Umieść kurczaka i chorizo na patelni. Dodaj bulion z kurczaka, mieszankę szafranu i 1/2 łyżeczki soli; doprowadzić do wrzenia na dużym ogniu. Dodaj ryż na patelnię, mieszając raz, aby równomiernie się rozprowadzić. Gotuj bez mieszania, aż ryż wchłonie większość płynu, około 12 minut. (Jeśli patelnia jest większa niż palnik, obracaj ją co kilka minut, aby ryż się równomiernie ugotował.) Zmniejsz ogień do niskiego poziomu. Gotuj bez mieszania jeszcze 5 do 10 minut, aż cały płyn się wchłonie, a ryż będzie al dente. Top z krewetkami i groszkiem.

Włącz wysoką temperaturę. Gotuj bez mieszania, jeszcze 1 do 2 minut (krawędzie powinny wyglądać na suche, a na dnie powinna powstać skórka). Usunąć. Przykryj patelnię folią. Odstaw na 10 minut przed podaniem. W razie potrzeby posyp oliwkami i pietruszką.

22. Estragon Baranek

•

Składniki:

- 4 funty udźca jagnięcego
- 1 łyżeczka estragonu
- 1 łyżka oleju
- 1 szt. cebuli, pokrojonej
- 1 1/4 szklanki białego wytrawnego wina
- 1 x sól i pieprz do smaku
- 2/3 szklanki śmietanki

Wskazówki:

a) Oskórować nogę jagnięcą i odciąć cały tłuszcz z zewnątrz.
b) Nacinaj mięso głęboko krzyżującym się wzorem i wypełniaj szczeliny estragonem. Natrzyj mięso oliwą i przykryj cebulą.
c) Umieścić w odpowiednim naczyniu do marynowania i polać białym winem.
d) Dopraw solą i pieprzem do smaku i marynuj przez około 2 godziny, od czasu do czasu podlewając.
e) Upiecz jagnięcinę z marynatą w temperaturze 325 stopni F., aż będzie gotowa; często polewać.
f) Dziesięć minut przed zakończeniem pieczenia mięsa wylej marynatę i soki mięsne do rondla.

g) Zmniejszyć sos do połowy jego pierwotnej ilości, energicznie gotując.
h) Mięso pokroić w cienkie plasterki i dodać soki z mięsa do marynaty.
i) Mięso ułożyć na półmisku i trzymać w cieple.
j) Zdejmij sos z ognia, wmieszaj śmietanę i powoli podgrzewaj, aż uzyska średnio gęstą konsystencję. Polej jagnięcinę sosem i trzymaj w cieple, aż będzie gotowa do podania.

23. Ryż Hiszpański z Wołowiną

-

Składniki:

- 1 funt chudej mielonej wołowiny
- 1/2 łyżki cebuli; Posiekane, 1 Md
- 1 łyżka ryżu; Zwykłe, Niegotowane
- 2/3 c Zielona papryka; Posiekany
- 16 uncji Duszone Pomidory
- 5 plastrów boczku; Ostre, Kruszone
- 2 szklanki wody
- 1 łyżeczka chili w proszku
- 1/2 łyżeczki oregano
- 1 1/4 łyżeczki soli
- 1/8 łyżeczki pieprzu

Wskazówki:

a) Gotuj i mieszaj mięso i cebulę na dużej patelni, aż mięso się zrumieni. Odsącz nadmiar tłuszczu.
b) Dodać ryż, zielony pieprz, pomidory, bekon, wodę, chili w proszku, oregano, sól i pieprz.
c) Gotowanie na patelni:
d) Podgrzać mieszaninę do wrzenia, następnie zmniejszyć ogień i dusić pod przykryciem, mieszając od czasu do czasu, aż ryż będzie miękki, około 30 minut. (W razie potrzeby można dodać niewielką ilość wody.)
e) Gotowanie w piekarniku:

f) Wlej mieszaninę do nienatłuszczonej 2-litrowej zapiekanki.
g) Przykryj i piecz w temperaturze 375 stopni F, mieszając od czasu do czasu, aż ryż będzie miękki, około 45 minut.
h) Podawać na gorąco.

24. Kurczak w parmezanie

Składniki:

- 1/2 c Drobna, sucha bułka tarta
- 1/4 szklanki startego parmezanu
- 4 Piersi z kurczaka, bez kości
- 1 jajko, ubite
- 3 łyżki masła
- 8 uncji puszka sosu pomidorowego
- 1/2 szklanki wody
- 1/4 łyżeczki Suszone całe oregano
- 1 łyżka rozdrobnionego sera mozzarella

Wskazówki:

a) Połącz bułkę tartą i parmezan.
b) Zanurz kurczaka w jajku i dobrze obtocz.
c) Rozgrzej patelnię do 350 stopni.
d) Dodaj masło i gotuj kurczaka po około 3 minuty z każdej strony.
e) Połącz sos pomidorowy, wodę i oregano; zalej kurczaka.
f) Zmniejszamy ogień do 220 stopni, przykrywamy i gotujemy 25-30 minut.
g) Posyp serem mozzarella; przykryj i gotuj, aż ser się rozpuści.

25. Steki z łososia w sosie z białego wina

Składniki:

- 8 Uncji (2) Steki z Łososia
- 2 łyżeczki sosu do gotowania z białego wina:
- 1 łyżka masła lub margaryny
- 1 łyżeczka skrobi kukurydzianej
- 1 x Dash Biały Pieprz
- 1/2 szklanki pół lekkiego kremu
- 1 ubite żółtko
- 2 łyżki wytrawnego białego wina
- 1 x zielone winogrona bez pestek (opcja)

Wskazówki:

a) Rozgrzej 6 1/2-calowe naczynie do przyrumieniania w mikrofalówce na 100% mocy przez 3 minuty. Do naczynia do zapiekania wlej olej; zawirować, aby pokryć danie.

b) W naczyniu do zarumieniania włożyć steki z łososia. Kuchenka mikrofalowa, przykryta, włączona

c) 100% mocy przez około 30 sekund. Obróć steki z łososia i

d) mikrofalówka, pod przykryciem, na 50% mocy około 3 minuty lub do momentu, gdy łosoś łatwo się rozkruszy podczas testowania widelcem.

e) Steki z łososia odstawić pod przykryciem, przygotowując sos winny.
f) Do sosu winnego: w mikrofalówce na 4 szklanki masło lub margarynę, bez przykrycia, na 100% mocy przez 45 sekund do 1 minuty lub do rozpuszczenia. Dodaj mąkę kukurydzianą i biały pieprz. Wymieszać z jasną śmietaną.
g) Kuchenka mikrofalowa, bez przykrycia, na 100% mocy przez 2 do 3 minut lub aż mieszanina zgęstnieje i bulgocze, mieszając co minutę.
h) Połowę gorącej śmietany wymieszać z ubitym żółtkiem.
i) Wróć wszystko do miarki 4 filiżanki. Kuchenka mikrofalowa, bez przykrycia, z mocą 50% przez 1 minutę, mieszając co 15 sekund, aż masa będzie gładka. Dodać wytrawne białe wino.
j) Przełóż steki z łososia na półmisek do serwowania i polaj sosem winnym. W razie potrzeby udekoruj zielonymi winogronami bez pestek.

26. Fettuccine ze śmietaną, bazylią i romano

Składniki:

- 4 plastry boczku; posiekane grube
- 4 zielone cebule; posiekany
- 1/2 szklanki śmietanki do ubijania
- 1/2 łyżeczki parmezanu; świeżo starte
- 1/3 c bazylia; posiekane świeże
- 1/2 funta Fettuccine
- Sól i pieprz
- Parmezan; świeżo starte

Wskazówki:

a) Boczek smażymy na średniej, ciężkiej patelni na średnim ogniu, aż zacznie się brązowieć. Dodaj zieloną cebulę i mieszaj, aż zmiękną, około 1 minuty. Dodaj śmietanę i gotuj na wolnym ogniu, aż zacznie gęstnieć, około 1 minuty. Wymieszaj z parmezanem i bazylią.

b) W międzyczasie gotuj fettuccine w dużym garnku z wrzącą, osoloną wodą, aż będzie miękka, ale wciąż jędrna (al dente), od czasu do czasu mieszając. Dobrze odcedź.

c) Wróć do gorącego garnka. Dodaj sos i wymieszaj, aby pokryć. Dopraw solą i pieprzem.

d) Natychmiast podawaj; podaj starty parmezan.

27. Chrupiące Udka z Kurczaka

Składniki:

- 8 x Udka Kurczaka, bez skóry
- 1 1/2 szklanki bułki tartej
- 1/4 łyżki tartego parmezanu
- 2 łyżki mielonej świeżej pietruszki
- 1/4 łyżeczki czosnku w proszku
- Sól i pieprz do smaku
- 1/3 c Odtłuszczone Mleko

Wskazówki:

a) Opłucz kurczaka zimną wodą i osusz.
b) Połącz bułkę tartą, parmezan, pietruszkę, czosnek w proszku, sól i pieprz; dobrze wymieszać.
c) Zanurz udka w chudym mleku, a następnie zanurz w mieszance bułki tartej, dobrze pokrywając.
d) Umieść podudzia w naczyniu do pieczenia o wymiarach 10x6x2 cali spryskanym Pam.
e) Piec w 350 stopniach F. przez 1 godzinę.

28. Steki z łososia w sosie ogórkowo-koperkowym

Składniki:

- 2 szt. Steki z łososia
- 1/4 c Wytrawne białe wino
- 1 każdy liść laurowy
- 2 łyżki świeżego koperku
- 1 szt. selera naciowego, pokrojonego w sos ogórkowo-koperkowy:
- 1/4 c Zwykły jogurt o niskiej zawartości tłuszczu
- 1/4 szklanki majonezu Lite
- 1 szt. startego ogórka drobnoziarnistego
- 1 szt. Mała, obrana, starta cebula
- 1/8 łyżeczki suchej musztardy
- 1/4 c Świeżo posiekany koperek
- Sól i pieprz do smaku

Wskazówki:

a) Umieść steki w naczyniu do kuchenki mikrofalowej grubym końcem na zewnątrz. Wymieszaj białe wino, liść laurowy, koperek i seler; Rozprowadź mieszankę równomiernie na stekach z łososia.
b) Przykryj i mikrofaluj na wysokich obrotach przez 4-6 minut.
c) Podawać z sosem ogórkowo-koperkowym.
d) Na sos ogórkowo-koperkowy:

e) Wymieszaj jogurt, majonez, ogórek, cebulę, musztardę, koperek, sól i pieprz w robocie kuchennym i dobrze wymieszaj.
f) Wlać do miski do serwowania; wstawić do lodówki na 1 do 2 godzin przed podaniem.

29. Sałatka Taco z Indyka

Składniki:

- 3 tortille z mąki
- 1/2 funta mielonego indyka
- 1/3 szklanki wody
- 1 łyżeczka chili w proszku
- 1/2 łyżeczki soli
- 1/4 łyżeczki sproszkowanego czosnku
- 1/4 łyżeczki pieprzu cayenne
- 8 uncji fasoli, odsączonej
- 5 porcji posiekanej sałaty
- 1 średni pomidor, posiekany
- 1/2 porcji sera Monterey Jack
- 1/4 cebuli, posiekanej
- 1/4 c Sos Tysiąca Wysp
- 1/4 szklanki kwaśnej śmietany (przybranie)
- 4 szt. dojrzałych oliwek bez pestek, pokrojonych w plastry (ozdoba)

Wskazówki:

a) Rozgrzej piekarnik do 400 stopni F.
b) Pokrój tortille na 12 kawałków lub paski 3x1/4 cala i umieść w nienatłuszczonej patelni z galaretką.
c) Piec 6 do 8 minut, mieszając przynajmniej raz, do uzyskania złotego koloru i chrupkości; Fajny.

d) Ugotuj mielonego indyka na nieprzywierającej patelni, często mieszając, aż się zrumieni. Dodać wodę, chili w proszku, sól, czosnek w proszku, czerwoną paprykę,
e) i fasola. Podgrzać do wrzenia; zredukować ciepło. Dusić bez przykrycia 2-3 minuty, mieszając od czasu do czasu, aż płyn się wchłonie.
f) Fajne 10 minut.
g) W dużej misce wymieszaj sałatę, pomidor, ser, cebulę; rzucać z
h) Sos tysiąca wysp; podzielić na 4 talerze obiadowe. Posyp każdą sałatkę około 1/2 szklanki mieszanki z indyka.
i) Wokół sałatki ułóż kliny tortilli i udekoruj kwaśną śmietaną i oliwkami.

30. Cornish Game Hen z farszem Kasha

Składniki:

- 2 kury do gry Rock Cornish
- 1/2 cytryny
- Sól i pieprz
- 4 paski boczku
- 3/4 c czerwonego wina Kasha Farsz:
- 1 łyżka kaszy gryczanej
- 1 jajko (lekko ubite)
- 2 szklanki wrzącej wody
- 3 paski boczku (pokrojone na kawałki)
- 4 łyżki masła
- 1 średnia cebula (posiekana)
- 1 ząbek czosnku (mielony)
- 1/2 zielonego pieprzu (posiekanego)
- 1/4 funta pieczarek (posiekanych)
- 1 łyżeczka oregano
- 1/2 łyżeczki szałwii
- Sól i pieprz do smaku

Wskazówki:

a) Natrzyj ptaki wewnątrz i na zewnątrz cytryną i dobrze posyp solą i świeżo zmielonym pieprzem.
b) Rozgrzej piekarnik (450 stopni F.).
c) Wypełnij ubytki farszem Kasha. Zamknij otwór szpikulcami.

d) Ułożyć ptaki piersiami do góry na ruszcie w otwartej brytfannie i przykryć piersi boczkiem. Schłodzić przez 15 minut.
e) Zmniejszyć ogień do 325 stopni F. i dodać czerwone wino. Piecz przez 35 do 40 minut, często podlewając (jak co 15 minut, jeśli to możliwe); w razie potrzeby dodaj więcej wina.
f) Do farszu kaszy:
g) Wymieszać kaszę z ubitym jajkiem; dodaj na patelnię na dużym ogniu. Cały czas mieszaj, aż ziarna się rozdzielą, a następnie dodaj wrzącą wodę.
h) Przykryj patelnię, zmniejsz ogień i gotuj przez 30 minut.
i) W międzyczasie usmaż boczek na innej dużej patelni.
j) Gdy boczek lekko się zarumieni, odsuń na bok i dodaj masło.
k) Niech się skwierczy i dodaj cebulę, czosnek, zielony pieprz i pieczarki; ciągle mieszać.
l) Dodaj oregano, szałwię, sól i pieprz. Zmniejszyć ogień i dodać ugotowaną kaszę. Dobrze wymieszaj, dopraw do smaku i zdejmij z ognia.
m) Kasza często nazywana jest kaszą gryczaną. Wytwarzany jest z ziarna gryki, a następnie prażony, co nadaje mu pyszny, orzechowy smak.

31. Sałatka Romans w Misce

Składniki:

- 4 filiżanki sałatki dla dzieci
- 1 marchewka, obrana i pokrojona w plastry
- 2 zielone cebule, posiekane
- 6 truskawek, obranych i pokrojonych w plastry
- 12 świeżych malin
- 1 łyżeczka mielonego czosnku
- $\frac{1}{4}$ szklanki posiekanych orzechów włoskich
- $\frac{1}{4}$ szklanki zaprawionych plasterków migdałów
- $\frac{1}{4}$ szklanki suszonych porzeczek
- $\frac{1}{4}$ szklanki pokruszonego sera feta
- $\frac{1}{2}$ szklanki przyprawionych grzanek
- $\frac{1}{2}$ szklanki sosu sałatkowego vinaigrette z ziół lub do smaku

Wskazówki:

a) W dużej misce wymieszaj sałatę, marchew, zieloną cebulkę, truskawki, maliny, czosnek, orzechy włoskie, plasterki migdałów, porzeczki i ser feta.

b) Podziel pomiędzy dwie salaterki. Przykryj każdą miskę grzankami i podawaj z dressingiem vinaigrette.

32. Różowa Sałatka

Składniki
Sałatka

- 4 całe marchewki
- 1/3 średniej czerwonej cebuli, posiekanej
- 1 duży burak
- 1 różowy grejpfrut, pokrojony
- 1 garść grubo posiekanych pistacji

Flakonik na sole trzeźwiące

- 1/2 szklanki oliwy z oliwek
- 1/4 szklanki octu z wina ryżowego
- 1 łyżeczka musztardy
- 1 łyżeczka syropu klonowego
- 1-2 ząbki czosnku, mielone
- sól i pieprz do smaku

Wskazówki:

a) Pokrój buraki na średnie ćwiartki i umieść w pojemniku do kuchenki mikrofalowej, przykryj i mikromikro do miękkości widelca. Mój zajął 6 1/2 minuty. Zdecydowałem się nie obierać mojego, ponieważ nie mam nic przeciwko skórze, ale rób to, co lubisz.

b) Za pomocą obieraczki do marchwi obetnij długie paski z każdej marchewki, aż dotrzesz do rdzenia i nie będziesz już mógł golić. Zachowaj rdzenie na później.

c) W dużej misce umieść wszystkie składniki sałatki z wyjątkiem pistacji.
d) W innej misce umieść wszystkie składniki dressingu i ubij, aż się zemulgują.
e) Kiedy będziesz gotowy, aby podać sałatkę, rzuć wystarczającą ilością sosu, aby pokryć i zarezerwować resztę na jutrzejszą sałatkę.
f) Posyp pistacje i gotowe.

33. Mieszana zielona wiosenna sałatka

Składniki:

- 2 UNCJE. Mieszane Zieloni
- 3 łyżki prażonych orzeszków pinii
- 2 łyżki 5 Minut Malinowy Vinaigrette
- 2 łyżki Ogolonego Parmezanu
- 2 kromki boczku
- Sól i pieprz do smaku

Wskazówki:

a) Gotuj boczek, aż będzie bardzo chrupiący.
b) Odmierz warzywa i umieść w pojemniku, który można wstrząsnąć.
c) Pokrusz boczek, a następnie dodaj resztę składników do zieleni. Wstrząsnąć pojemnikiem z pokrywką, aby równomiernie rozprowadzić opatrunek i zawartość.
d) Podawaj i ciesz się!

34. Chrupiąca sałatka z tofu i bok choy

Składniki:

Pieczone Tofu
- 15 uncji Bardzo jędrne Tofu
- 1 łyżka sosu sojowego
- 1 łyżka oleju sezamowego
- 1 łyżka wody
- 2 łyżeczki mielonego czosnku
- 1 łyżka octu ryżowego
- Sok 1/2 Cytryny

Sałatka Bok Choy
- 9 uncji Bok Choy
- 1 łodyga zielonej cebuli
- 2 łyżki posiekanej kolendry
- 3 łyżki oleju kokosowego
- 2 łyżki sosu sojowego
- 1 łyżka Sambal Olek
- 1 łyżka masła orzechowego
- Sok 1/2 limonki
- 7 kropli płynnej stewii

Wskazówki:

a) Zacznij od wciśnięcia tofu. Połóż tofu w ręczniku kuchennym i połóż na nim coś ciężkiego (np. żeliwną patelnię). Wyschnięcie zajmuje około 4-6 godzin, a w połowie może być konieczna wymiana ręcznika kuchennego.

b) Po naciśnięciu tofu pracuj nad marynatą. Połącz wszystkie składniki marynaty (sos sojowy, olej sezamowy, wodę, czosnek, ocet i cytrynę).
c) Pokrój tofu na kwadraty i włóż do plastikowej torebki razem z marynatą. Pozostaw to w marynacie przez co najmniej 30 minut, ale najlepiej przez noc.
d) Rozgrzej piekarnik do 350F. Ułóż tofu na blasze wyłożonej papierem do pieczenia (lub silpatem) i piecz przez 30-35 minut.
e) Gdy tofu się ugotuje, zacznij od sałatki bok choy. Posiekaj kolendrę i dymkę.
f) Wymieszaj wszystkie pozostałe składniki (z wyjątkiem soku z limonki i kapusty bok choy) w
g) miska. Następnie dodaj kolendrę i szczypiorek.
h) Gdy tofu będzie już prawie ugotowane, dodaj sok z limonki do sosu sałatkowego i wymieszaj.
i) Pokrój kapustę bok choy na małe plasterki, tak jak kapustę.
j) Wyjmij tofu z piekarnika i połącz sałatkę z tofu, kapustą bok choy i sosem.

35. Sałatka z grilla wieprzowego

Składniki:

Sałata
- 10 uncji Wieprzowina szarpana
- 2 szklanki sałaty rzymskiej
- 1/4 szklanki posiekanej kolendry
- 1/4 średniej papryki czerwonej, posiekanej

Sos
- 2 łyżki pasty pomidorowej
- 2 łyżki + 2 łyżeczki sosu sojowego (lub aminokwasów kokosowych)
- 1 łyżka kremowego masła orzechowego
- 2 łyżki posiekanej kolendry
- Sok i skórka z 1/2 limonki
- 1 łyżeczka Pięć Przypraw
- 1 łyżeczka czerwonej pasty curry
- 1 łyżka + 1 łyżeczka octu ryżowego
- 1/4 łyżeczki płatków czerwonej papryki
- 1 łyżeczka sosu rybnego/10 kropli płynnej stewii ORAZ 1/2 łyżeczki ekstraktu z mango

Wskazówki:

a) W misce wymieszaj wszystkie składniki sosu (z wyjątkiem kolendry i skórki z limonki).
b) Posiekaj kolendrę i zetrzyj limonkę ze skórki i dodaj do sosu.

c) Dobrze wymieszaj tajski sos BBQ i odstaw na bok. Palcami lub nożem rozerwij wieprzowinę. Złóż sałatkę i polej wieprzowinę z odrobiną sosu.

36. Sałatka z czerwoną papryką i szpinakiem

Składniki:

- 6 filiżanek szpinaku
- 1/4 szklanki sosu ranczo
- 3 łyżki Parmezanu
- 1 łyżeczka płatków czerwonej papryki

Wskazówki:

a) W dużej misce odmierz 6 filiżanek szpinaku.
b) Dodaj 1/4 szklanki dressingu ranczo i wymieszaj ze szpinakiem. Następnie dodaj 3 łyżki parmezanu i 1 łyżeczkę płatków czerwonej papryki. Ponownie dobrze wymieszaj

37. Sałatka Ze Szpinakiem i Pekanem

Składniki:

- 2 funty świeżego szpinaku
- Sól
- 10 szalotek pokrojonych w cienkie plasterki, w tym około 2,5 cm zielonego kiełka
- 1/4 szklanki oliwy z oliwek z pierwszego tłoczenia
- 1/4 szklanki soku z cytryny
- 1/4 funta prażonych, solonych orzechów pekan, posiekanych

Wskazówki:

a) Umyj i osusz szpinak, aż będziesz mieć absolutną pewność, że jest czysty – szpinak może pomieścić dużo piasku! Kiedy będziesz już pewien, że jest czysty i suchy, włóż go do salaterki i posyp odrobiną soli – może łyżeczki do herbaty – i delikatnie wyciśnij liście rękoma.
b) Dodaj szalotki do miski.
c) Wlej oliwę z oliwek i dokładnie wrzuć sałatkę. Dodaj sok z cytryny i ponownie wrzuć. Udekoruj orzechami pekan i podawaj.

38. Zaktualizuj sałatkę

Składniki:

Sałatka
- 2 średnie zielone papryczki, pokrojone w drobne paski
- 1 duży pęczek pietruszki, posiekany
- 2/3 szklanki porwanej radicchio
- 2/3 szklanki posiekanej endywii kręconej
- 2/3 szklanki posiekanej frytki
- 3 pomidory, każdy pokrojony na 8 podłużnych klinów
- 1/8 dużej słodkiej czerwonej cebuli, pokrojonej w cienkie plasterki
- 2 łyżki posiekanych czarnych oliwek

Ubieranie się
- 1/4 szklanki wody
- 1/2 szklanki octu estragonowego
- 1/2 łyżeczki soli lub Vege-Sal
- 1 1/2 łyżki soku z cytryny
- 1 łyżka Splenda
- 1/8 łyżeczki melasy z czarnego paska

Wskazówki:

a) Paprykę, pietruszkę, radicchio, endywię, fryzę, pomidory, cebulę i oliwki włożyć do dużej miski i odstawić.
b) W osobnej misce wymieszaj wodę, ocet, sól, sok z cytryny, Splenda i melasę. Zalej nią całą sałatkę i wrzuć.
c) Całość włóż do lodówki.

39. Sałatka Kalifornijska

Składniki:

- 4 szklanki porwanej sałaty rzymskiej
- 4 kubki rozdartej czerwonej sałaty liściastej
- 1 dojrzałe, czarne awokado
- 3 łyżki oliwy z oliwek z pierwszego tłoczenia
- 2 łyżki soku z cytryny
- Sól i pieprz
- 1/2 szklanki kiełków lucerny

Wskazówki:

a) Połącz sałatę rzymską i czerwonolistną w misce sałatkowej, a następnie obierz awokado i pokrój na małe kawałki. (Najłatwiej jest po prostu nabrać kawałki łyżką.) Dodaj awokado do miski.
b) Sałatkę wymieszać najpierw z oliwą, następnie z sokiem z cytryny, a na koniec z solą i pieprzem do smaku. Udekoruj kiełkami i podawaj.

40. Sałatka z Melon Prosciutto

Składniki:

- 1/2 dojrzałej kantalupy
- 1/2 dojrzałego miodu
- 8 uncji prosciutto

Wskazówki:

a) Zasiej i obierz melony i pokrój je na 1-calowe kawałki (lub użyj kulki do melona).
b) Posiekaj prosciutto, wymieszaj wszystko razem i podawaj.

41. Sałatka Gorken

Składniki:

- 4 obrane ogórki, pokrojone w cienkie plasterki
- 1 1/2 łyżki soli
- 1/4 szklanki wody
- 3 łyżki octu jabłkowego
- 3 łyżki oleju
- 2 łyżki Splenda
- Pieprz

Wskazówki:

a) Obierz i pokrój ogórki. Włóż je do dużej miski i posyp solą. Dodaj sól do ogórków, przykryj i wstaw na noc do lodówki.
b) Na godzinę przed podaniem wyjmij ogórki z lodówki i wyciśnij z nich wodę, używając rąk i pracując w małych partiach. Plastry przejdą od sztywnych i nieprzejrzystych do wiotkich i prawie półprzezroczystych. Wylej powstałą wodę.
c) Wymieszaj wodę, ocet, olej i Splenda oraz sól i pieprz do smaku. To jest „opatrunek" – powinien być lekki, pikantny i tylko lekko słodki. Wlej to na ogórki i wymieszaj. Schłódź, aż będziesz gotowy do podania.

42. Sałatka z Kolorowej Fasoli

Składniki:

- 1 puszka (14 1/2 uncji) pokrojonej zielonej fasoli
- 1 puszka (14 1/2 uncji) pokrojonej fasoli woskowej
- 1/2 szklanki posiekanej słodkiej czerwonej cebuli
- 3/4 szklanki Splenda
- 1 łyżeczka soli
- 1/2 łyżeczki pieprzu
- 1/2 szklanki oleju rzepakowego
- 2/3 szklanki octu jabłkowego

Wskazówki:

a) Fasolę zieloną i woskową odsącz i wymieszaj w misce z cebulą.
b) W osobnej misce połącz Splenda, sól, pieprz, olej i ocet; polać miksturą warzywa.
c) Pozwól mu marynować przynajmniej przez kilka godzin; noc nie zaszkodzi. Odcedź marynatę i podawaj.

43. Colesław dla dwojga

Składniki:

- 1 głowa czerwonej kapusty
- 1 mała marchewka, posiekana
- 1/4 słodkiej czerwonej cebuli, drobno posiekanej
- Opatrunek Colesław

Wskazówki:

a) Używając noża do krojenia malaksera lub ostrego noża, poszatkuj kapustę i włóż ją do dużej miski.
b) Dodaj marchewkę i cebulę i wymieszaj z dressingiem. Podziwiaj i ciesz się.

44. Konfetti Zniesławionych

Składniki:

- 2 szklanki posiekanej zielonej kapusty
- 2 szklanki posiekanej czerwonej kapusty
- 1/2 słodkiej czerwonej papryki, posiekanej
- 1/2 zielonej papryki, posiekanej
- 4 szalotki, pokrojone w plastry, w tym chrupiąca część zieleniny
- 1/3 szklanki startej marchewki
- 1 małe żeberko z selera, pokrojone w cienkie plasterki
- 2 łyżki mielonej świeżej pietruszki

Wskazówki:

a) Mieszać

45. Sałatka Caponata

Składniki:

- 1/4 szklanki oliwy z oliwek
- średni bakłażan, obrany i pokrojony w 1/4-calową kostkę
- mała czerwona cebula, posiekana
- żeberko selerowe, posiekane
- 2 ząbki czosnku, posiekane
- 2 szklanki posiekanych świeżych lub odsączonych pomidorów śliwkowych w puszkach
- 2 łyżki kaparów
- 3 łyżki octu z czerwonego wina
- 2 łyżeczki cukru
- 1 łyżka mielonej świeżej bazylii lub 1 łyżeczka suszonej
- 1/2 łyżeczki soli

Wskazówki:

W dużym rondlu rozgrzej olej na średnim ogniu. Dodaj bakłażana, cebulę, selera i czosnek. Przykryj i gotuj, aż warzywa zmiękną, około 15 minut. Dodaj pomidory, przykryj i gotuj 5 minut dłużej. Wymieszaj kapary, ocet, cukier, bazylię i sól i gotuj na wolnym ogniu przez 5 minut, aby rozwinęły się smaki.

Zdejmij z ognia i lekko ostudź, następnie przełóż do dużej miski i wstaw do lodówki do schłodzenia, około 2 godzin. Smak, w razie potrzeby dostosowując przyprawy. Podawać schłodzone lub w temperaturze pokojowej.

46. Sałatka z Zielonej Fasoli I Gruszki

Składniki:

- 1/4 szklanki prażonego oleju sezamowego
- 3 łyżki octu ryżowego
- 2 łyżki masła migdałowego
- 2 łyżki sosu sojowego
- 1 łyżka nektaru z agawy
- 1 łyżeczka startego świeżego imbiru
- 1/8 łyżeczek mielonego cayenne
- 8 uncji zielonej fasoli, przyciętej i pokrojonej na 1-calowe kawałki
- 1/4 szklanki mielonej czerwonej cebuli
- 2 dojrzałe gruszki, wydrążone i pokrojone w 1/2-calową kostkę
- 1/4 szklanki złotych rodzynek
- 4 do 6 filiżanek sałatek mieszanych

Wskazówki:

a) W blenderze lub robocie kuchennym połącz olej, ocet, masło migdałowe, sos sojowy, nektar z agawy, imbir i cayenne. Przetwarzaj do blendowania. Odłożyć na bok.

b) W rondelku z wrzącą wodą zanurzyć zieloną fasolkę i marchewkę i gotować do miękkości przez około 5 minut. Odcedź i przełóż do dużej miski. Dodaj cebulę, gruszki, migdały i rodzynki. Dodaj dressing i delikatnie wymieszaj, aby połączyć. Wyłóż półmisek do serwowania lub pojedyncze talerze z sałatą zieloną, nałóż mieszankę sałat na wierzch i podawaj.

47. Sałatka Żurawinowo-Marchewowa

Składniki:

- 1 funt marchewki, posiekanej
- 1 szklanka słodzonej suszonej żurawiny
- 1/2 szklanki prażonych kawałków orzecha włoskiego
- 2 łyżki świeżego soku z cytryny
- 3 łyżki prażonego oleju z orzechów włoskich
- 1/2 łyżeczki cukru
- 1/4 łyżeczki soli
- 1/8 łyżeczki świeżo zmielonego czarnego pieprzu

Wskazówki:

a) W dużej misce połącz marchewki, żurawinę i orzechy włoskie. Odłożyć na bok.
b) W małej misce wymieszaj sok z cytryny, olej orzechowy, cukier, sól i pieprz. Polej sałatkę dressingiem, delikatnie wymieszaj, aby połączyć i podawaj.

48. Sałatka Koperkowo-Pomarańczowa Z Czarnymi Oliwkami

Składniki:

- 1 średnia bulwa kopru włoskiego, pokrojona w plastry 1/4 cala
- 2 pomarańcze, obrane, pokrojone na ćwiartki i pokrojone w plastry 1/4 cala
- 1/4 szklanki oliwek kalamata, pestki i połówki
- 2 łyżki posiekanej świeżej pietruszki
- 2 łyżki oliwy z oliwek
- 1 łyżka soku z cytryny
- 1/2 łyżeczki cukru
- Sól i świeżo zmielony czarny pieprz
- 4 duże lub 8 małych liści sałaty bostońskiej
- 1/4 szklanki prażonych orzeszków piniowych

Wskazówki:

a) W dużej misce wymieszaj koper włoski, pomarańcze, oliwki i pietruszkę. Odłożyć na bok.
b) W małej misce wymieszaj olej, sok z cytryny, cukier, sól i pieprz do smaku. Polej sałatkę dressingiem i delikatnie wymieszaj, aby połączyć.
c) Ułóż warstwę liści sałaty na półmisku lub pojedynczych talerzach. Nałóż sałatkę na wierzch sałaty, posyp orzeszkami pinii i podawaj.

49. Sałatka Z Żółtego Buraka Z Gruszkami

Składniki:

- 3 do 4 średnich żółtych buraków
- 2 łyżki białego octu balsamicznego
- 3 łyżki wegańskiego majonezu, domowej roboty (patrz majonez wegański) lub kupionego w sklepie
- 3 łyżki wegańskiej kwaśnej śmietany, domowej roboty (patrz Tofu Sour Cream) lub kupionej w sklepie
- 1 łyżka mleka sojowego
- 1 1/2 łyżki mielonego świeżego koperku
- 1 łyżka mielonej szalotki
- 1/2 łyżeczki soli
- 1/8 łyżeczki świeżo zmielonego czarnego pieprzu
- 2 dojrzałe gruszki Bosc
- Sok z 1 cytryny
- 1 mała sałata z czerwonych liści, pokrojona na kawałki wielkości kęsa

Wskazówki:

a) Ugotuj buraki na parze, aż będą miękkie, a następnie ostudź i obierz. Pokrój buraki na zapałki i umieść je w płytkiej misce. Dodaj ocet i wymieszaj. Odłożyć na bok.

b) W małej misce wymieszać majonez, śmietanę, mleko sojowe, koperek, szalotkę, sól i pieprz. Odłożyć na bok.

c) Wydrążyć gruszki i pokroić w kostkę o średnicy 1/4 cala. Gruszki włożyć do średniej miski, dodać sok z cytryny i delikatnie wymieszać. Podziel sałatę na 4 talerze sałatkowe i nałóż na wierzch gruszki i buraki. Sałatkę skropić dressingiem, posypać orzechami i podawać.

50. Sałatka z Endywia i Pomarańczy

Składniki:

- 2 średnie główki cykoria belgijska, liście rozdzielone
- 2 pomarańcze pępkowe, obrane, przekrojone na pół i pokrojone w plastry 1/4 cala
- 2 łyżki mielonej czerwonej cebuli
- 3 łyżki oliwy z oliwek
- 1 1/2 łyżki octu balsamicznego z figami
- Sól i świeżo zmielony czarny pieprz
- 1 łyżka świeżych nasion granatu (opcjonalnie)

Wskazówki:

a) W dużej misce wymieszaj endywię, pomarańcze, orzechy pekan i cebulę. Odłożyć na bok.

b) W małej misce wymieszaj olej, ocet, cukier, sól i pieprz do smaku. Mieszaj, aż się połączą. Polej sałatkę dressingiem i delikatnie wymieszaj, aby połączyć. Jeśli używasz, posyp pestkami granatu i podawaj.

51. Zupa Miłości

Składniki:

- 3 łyżki oleju roślinnego
- Skórka i sok z ½ cytryny lub 1 łyżka butelkowanego soku z cytryny
- 1 ząbek czosnku
- 1 mały kawałek świeżego imbiru (około 1 cm) lub 1 łyżeczka mielonego imbiru
- garść świeżej kolendry
- garść świeżej pietruszki plus dodatek do dekoracji
- 1 cebula
- 2 duże marchewki
- 1 ziemniak
- ½ kostki bulionu warzywnego

Wskazówki:

a) Rozgrzej piekarnik do 180°C/350°F/gaz 4.
b) Najpierw przygotuj marynatę do warzyw. Odmierz olej do filiżanki, dzbanka lub innego małego naczynia. Zetrzeć na drobno skórkę z cytryny na olej. Obierz i zmiażdż czosnek, obierz i zetrzyj imbir, a następnie dodaj. Drobno posiekaj zioła do mieszanki. Wyciśnij sok z cytryny – tyle, ile zdołasz wycisnąć – wymieszaj i odstaw na bok.

c) Cebulę obrać, pokroić w ćwiartki i włożyć do brytfanny. Marchewki umyć, posiekać na grube krążki i włożyć do brytfanny. Ziemniaka obrać i pokroić w kostkę i również włożyć. Wlej marynatę na wierzch i wstrząśnij, aby pokryć warzywa. Wstaw brytfankę do nagrzanego piekarnika na około godzinę, wstrząsając od czasu do czasu, aby rozluźnić warzywa i ponownie obtocz je w marynacie.

d) Gdy marchewki i ziemniaki zmiękną, wyjmij warzywa z piekarnika i wrzuć do robota kuchennego. Rozpuść ½ kostki rosołowej w 500 ml wrzącej wody i wlej wywar do robota kuchennego (aby przykryć warzywa). Zmiksuj na gładką masę i podawaj z natką pietruszki i uśmiechem.

52. Białe wino Coq Au Vin

Składniki:

- 2 łyżeczki oliwy z oliwek
- 4 uncje pancetta, pokrojona na 1/2-calowe kawałki
- 1 (3,5 do 4 funtów) całego kurczaka, pokrojonego na 10 kawałków
- Koszerna sól i świeżo zmielony czarny pieprz
- 1 funt pieczarek cremini, pokrojonych na ćwiartki
- 2 średnie cebule, posiekane
- 2 pory (tylko biała i jasnozielona część), przekrojone na pół i pokrojone w plastry
- 2 ząbki czosnku, posiekane
- 2 łyżki mąki uniwersalnej
- 1 (750 mililitrów) butelka wytrawnego białego wina
- 1/2 dol. wywar z kurczaka
- 2 łyżki musztardy Dijon
- 6 gałązek tymianku
- 2 liście laurowe
- 1/4 dol. świeży estragon, posiekany

Wskazówki:

a) Rozgrzej piekarnik do 350 ° F. Rozgrzej olej w dużym holenderskim piekarniku na średnim ogniu. Dodaj pancettę i gotuj, mieszając od czasu do czasu, aż się zrumieni, przez 2 do 4 minut. Za pomocą łyżki cedzakowej przenieś na talerz wyłożony ręcznikiem papierowym. Dopraw kurczaka solą i pieprzem. Smaż skórą do dołu, aż się zarumienią, 5 do 7 minut. Przenieś na talerz.

b) Zwiększ ciepło do średnio-wysokiego. Dodaj pieczarki i gotuj, mieszając od czasu do czasu, aż się zrumienią, 6-8 minut. Zmniejsz ogień na średnio niski i dodaj cebulę, por i czosnek. Gotuj, mieszając od czasu do czasu, aż do uzyskania jasnobrązowego koloru i miękkości, 8 do 9 minut. Dodaj mąkę i gotuj, mieszając, 1 minutę. Stopniowo dodawać wino, cały czas mieszając. Dodać bulion, musztardę, tymianek i liście laurowe; doprowadzić do wrzenia.

c) Włóż pancettę i kurczaka (skórą do góry) do garnka; przykryć i przenieść do piekarnika. Smaż, aż kurczak będzie miękki i ugotowany przez 1 godzinę i 15 minut do 1 godziny i 30 minut. Wyrzuć tymianek i liście laurowe. Podawać z estragonem

53. Zupa karczochowa z chipsami z pasternaku

Składniki:

Na zupę:

- 5-6 świeżych serc karczochów grubo posiekanych
- 2 łyżki oliwy z oliwek
- Tylko 1 biało-jasnozielone części pora, pokrojone w plastry i opłukane
- 3 posiekane ząbki czosnku
- 1/2 szklanki posiekanej szalotki
- 8 uncji ziemniaków Yukon Gold obranych i pokrojonych w kostkę (około 2 średnie)
- 6 filiżanek wywaru warzywnego
- 1 liść laurowy
- 2 gałązki tymianku plus więcej do dekoracji
- 1/4 łyżeczki popękanego czarnego pieprzu
- Sól do smaku do smaku
- 1-2 łyżki soku z cytryny

Na chipsy z pasternaku:

- 1 pasternak obrany i pokrojony w cienkie plasterki na mandolinie
- 1/2 szklanki oleju roślinnego
- Sól morska łuszcząca się

Wskazówki:

a) Ugotować na maśle serca karczochów, por, czosnek, szalotki: Masło roztopić w dużym garnku z grubym dnem na średnim ogniu. Dodaj serca karczochów, por, czosnek i szalotkę. Gotuj do miękkości.
b) Dodać ziemniaki, bulion, liść laurowy i tymianek. Doprowadź zupę do delikatnego wrzenia, a następnie zmniejsz ogień, aby utrzymać na wolnym ogniu. Gotuj bez przykrycia przez 30-40 minut, aż warzywa będą miękkie.
c) Wyrzuć zioła, a następnie zmiksuj zupę za pomocą blendera zanurzeniowego lub zwykłego blendera.
d) Dopraw solą, pieprzem i sokiem z cytryny, degustując i dostosowując w razie potrzeby.
e) Umieść druciany stojak na dużej, obramowanej blasze do pieczenia i wyłóż go 2 warstwami ręczników papierowych. Podgrzej olej rzepakowy lub roślinny w dużym rondlu, aż olej osiągnie 325° na termometrze do smażenia w głębokim tłuszczu. W międzyczasie za pomocą mandoliny pokrój pasternak na cienkie monety.

f) Pracując partiami, ostrożnie wrzuć garść wstążek z pasternaku do gorącego oleju i smaż na umiarkowanie dużym ogniu, mieszając od czasu do czasu drewnianą łyżką, aż wstążki nabiorą głębokiego miodowego koloru, około 1 minuty. Za pomocą łyżki cedzakowej lub skimmera przenieś pasternak na ręczniki papierowe i posyp solą. Niech ostygnie całkowicie.

g) Zupę podawać równomiernie w miskach. Udekoruj chipsami z pasternaku i liśćmi tymianku.

54. Zupa piwno-serowa

Składniki:
- 1 szklanka pokrojonej w kostkę cebuli
- 1 szklanka selera pokrojonego w kostkę
- 1 szklanka pokrojonej w kostkę marchewki
- 1 szklanka pokrojonych w kostkę grzybów
- 3/4 szklanki masła
- 1/2 szklanki mąki
- 1 łyżeczka suszonej musztardy
- 5 filiżanek wywaru z kurczaka lub warzyw
- 1 pęczek brokułów
- 11 uncji piwa (użyj puszki lub butelki i zachowaj jaskółkę dla kucharza!)
- 6 uncji sera cheddar, startego
- 2 łyżki startego parmezanu
- sól i pieprz do smaku

Wskazówki:

a) Podsmaż pokrojone w kostkę warzywa na maśle.
b) Wymieszaj mąkę i musztardę z smażonymi warzywami. Dodaj wywar z kurczaka lub warzyw do mieszanki i gotuj przez pięć minut.
c) Połam brokuły na małe kwiatuszki; pokrój łodygi na kawałki wielkości kęsa. Gotuj na parze do miękkości. Do zupy dodać

piwo i sery. Dusić 10-15 minut. Sprawdź przyprawy.

d) Aby podać, wrzuć trochę brokułów do miski na zupę i nałóż na nią zupę.

55. Zupa Krem z Endywii

Składniki:

- 2 Endywie Belgijskie, wydrążone
- 1 biała cebula, pokrojona w kostkę
- 1 ząbek czosnku, pokrojony w kostkę
- 2 łyżki masła
- 2 duże ziemniaki, obrane i pokrojone w kostkę
- 2 szklanki bulionu z kurczaka
- 1 szklanka mleka lub śmietanki
- sól i pieprz do smaku
- siekany szczypiorek
- gałązki kopru do dekoracji

Wskazówki:

a) Zmiel endywie belgijskie, zachowując kilka małych listków do dekoracji. Podsmaż cebulę, czosnek i posiekaną endywię na maśle przez 3 minuty.
b) Dodaj ziemniaki i bulion z kurczaka i gotuj przez około piętnaście minut, aż ziemniaki będą miękkie. Umieść to w blenderze lub robocie kuchennym i miksuj, aż będzie gładkie.
c) Dodaj mleko, sól i pieprz i zmiksuj. Podawać na ciepło lub na zimno. Udekoruj małymi listkami cykorii belgijskiej, szczypiorkiem i koperkiem.

56. Zupa krem z salsefii i grzybów

Składniki:

- 450 g salsefii (1 funt)
- 2Cebula posiekana
- 3 łyżki oleju słonecznikowego
- 275 g Grzybów (9 2/3 uncji)
- 1 łyżka oliwy z oliwek
- 1l wody (2 1/8 pinty)
- 25g masła (1 uncja)
- 25g mąki (1 uncja)
- 1 1/2 dl mleka (1/4 pinty)
- Sól morska
- Pieprz czarny, świeżo zmielony

Wskazówki:

a) Salsefię wyszoruj dużą ilością wody, odrzuć końce korzeni i pokrój na kawałki o długości 1 cm. Cebulę z salsefią rozmiękczamy w oleju słonecznikowym przez 10...15 minut na ciężkiej, przykrytej patelni. Mieszaj od czasu do czasu, aby zapobiec przywieraniu, ponieważ salsefia jest sucha.

b) W międzyczasie dusić grzyby w oliwie z oliwek, aż oddzielą się płyn, zachować płyn i dodać grzyby do salsefii i cebuli. Zalej wodą i zagotuj; dusić przez 20 minut.

c) W ciężkiej patelni roztopić masło, wmieszać mąkę i stopniowo dodawać najpierw płyn do grzybów, a następnie mleko. Gdy będziesz miał gęsty sos, powoli wmieszaj płyn z zupy, dodaj warzywa i upłynnij.

d) Dopraw solą i pieprzem do smaku.

57. Zupa Kukurydziano-Krewetkowa w Curry

Składniki:

- 2 szklanki bulionu z kurczaka o zwykłej mocy
- 2 średniej wielkości tarte jabłka (obrane, wydrążone i pokrojone)
- 1 duża cebula (posiekana)
- 1/2 łyżeczki curry w proszku
- 1 duża czerwona papryka (bez łodygi i pestki)
- 4 szklanki zimnej maślanki
- 1/4 szklanki soku z limonki
- 1 1/2 szklanki ugotowanych ziaren kukurydzy
- 1/2 szklanki mielonej świeżej kolendry
- 1/3 funta malutkie gotowane krewetki
- Gałązki kolendry (opcjonalnie)

Wskazówki:

a) W 4- do 5-litrowej patelni na dużym ogniu połącz bulion, jabłka, cebulę i curry. Przykryj i zagotuj, a następnie gotuj na wolnym ogniu, aż jabłka zmiękną

b) Ostudź, przykryj i schłódź do ostygnięcia, co najmniej 3 godziny lub do dnia. Gładko zmiksować puree w blenderze lub robocie kuchennym.

c) Z papryki wyciąć kilka cienkich pasków i odstawić; Pozostały pieprz pokroić w kostkę i włożyć do wazy z puree jabłkowym, maślanką, sokiem z limonki, 1 1/4 szklanki kukurydzy i mieloną kolendrą. Zupę przełożyć do misek i przykryć krewetkami, resztą kukurydzy, paskami papryki i gałązkami kolendry.

58. Zupa z dyni i jabłka z curry

Składniki:

- 1/4 szklanki masła
- 1 ząbek czosnku
- 1cebula
- 1por
- 1duże jabłko, obrane i pokrojone
- 1 łyżki curry w proszku
- 2 szklanki posiekanej świeżej dyni
- Zapas 4 filiżanek
- 1 szklanka śmietany do ubijania
- sól i pieprz
- jabłkowe kliny

Wskazówki:

a) Rozpuść masło w rondlu. Podsmaż czosnek, cebulę, por i jabłko. Dodać curry i gotować przez 1 minutę, cały czas mieszając. Dodaj dynię i bulion. Doprowadzić do wrzenia, od czasu do czasu mieszając.

b) Zmniejsz ogień i gotuj na wolnym ogniu, aż warzywa będą miękkie. Puree wszystko w blenderze lub robocie kuchennym. Wróć do rondla i wymieszaj całą śmietanę oprócz 2 łyżek stołowych.

c) Dopraw solą i pieprzem. Podczas podawania udekoruj ćwiartkami świeżych jabłek i polej je odrobiną śmietany.

59. Ostra i kwaśna zupa z krewetek

Składniki:

- 1 funt krewetki
- 2 paluszki świeże lub 2 łyżki stołowe. suszona trawa cytrynowa
- 4 świeże lub suszone liście limonki kaffir lub
- 1 Łyżki drobno startej skórki z cytryny
- 1 1/2 kwarty wywaru z kurczaka
- 1 łyżki sosu rybnego lub soli do smaku
- 3 łyżki świeżego soku z limonki lub do smaku
- 1 łyżeczka tajskiej pasty chili
- 1/4 łyżeczki cukru
- 1/2 łyżeczki oleju
- 15 uncji puszki grzybów słomianych
- 3 świeże gorące zielone chili
- 3 łyżki kolendry

Wskazówki:

a) Krewetki umyć, obrać ze skórki i odżyły. Oszczędzaj muszle. Krewetki ponownie umyć, odcedzić, osuszyć, przykryć i wstawić do lodówki.

b) Jeśli używasz świeżej trawy cytrynowej, pokrój każdy patyczek na trzy 2-calowe kawałki – zaczynając od zaokrąglonego końca. Wyrzuć górę przypominającą słomkę. Lekko zmiażdżyć 6 kawałków.

c) Na patelni wymieszaj trawę cytrynową, liście limonki, bulion i skorupki krewetek. Doprowadzić do wrzenia. Zmniejsz ogień i gotuj delikatnie przez 20 minut. Odcedź bulion, następnie dodaj sos rybny, sok z limonki i pastę chili. Dostosuj sos rybny i sok z limonki do smaku.
d) Pieczarki słomiane odcedzić i dodać do wywaru.
e) Przygotować przybranie na krótko przed podaniem. Pokrój zielone chili na drobne krążki. Umyj i osusz kolendrę. Tuż przed podaniem podgrzej zupę, gdy zacznie się gotować, wrzuć obrane krewetki.
f) Gotuj na średnim ogniu przez 2 minuty lub tylko do momentu, gdy krewetki staną się nieprzezroczyste. Udekoruj chilli i liśćmi kolendry. Podawać na gorąco.

60. Węgierska Zupa Wiśniowa

Składniki:
- 1 funt wiśni morello, bez pestek, pestek i szypułek zarezerwowane
- 3 szklanki Rieslinga lub innego wytrawnego białego wina
- 1/4 szklanki cukru
- 1 cal cynamon w sztyfcie
- 2 cytryny, 1 obrana i zarezerwowana skórka, obie wyciskane
- 1/2 szklanki brandy (opcjonalnie)
- 2 szklanki kwaśnej śmietany

Wskazówki:

a) Zmiażdż kilka pestek wiśni, a następnie włóż wszystkie pestki i łodygi do rondla z winem, cukrem, laską cynamonu i sokiem z obu cytryn oraz skórką z jednej. Dusić przez 5 minut, a następnie odstawić na co najmniej 15 minut. Odcedź, ponownie zagotuj i dodaj wiśnie i ich sok.

b) Natychmiast zdjąć z ognia i pozostawić do ostygnięcia do letniej temperatury.

c) Dodaj brandy. Śmietanę włożyć do wazy, a następnie stopniowo wlewać zupę wiśniową, dokładnie mieszając. Podać schłodzone.

61. Indyjska Zupa Grochowa

Składniki:

- 3 łyżki posiekanego świeżego imbiru
- 10 ząbków czosnku, rozgniecionych i obranych
- 2 papryczki serrano, posiekane i posiekane
- 1/4 łyżeczki mielonego kminku
- 3 łyżki oleju rzepakowego
- 2 liście laurowe
- 1/2 średniej cebuli, posiekanej
- 4 szklanki wody (możesz użyć wywaru z warzyw lub kurczaka, jeśli go masz)
- 16 uncji mrożonego groszku (lub jego odpowiednika, świeżego i łuskanego)
- 1 łyżka świeżego soku z cytryny
- sól i pieprz do smaku

Wskazówki:

a) Użyj robota kuchennego, blendera lub moździerza i tłuczka, aby połączyć imbir, czosnek, chili, kminek i 3 łyżki wody w pastę.

b) W dużym rondlu rozgrzej olej na średnim ogniu. Gdy olej zacznie pękać, dodaj liście laurowe i smaż przez 1 minutę. Dodaj cebulę i smaż, aż lekko się zarumienią. Dodać pastę czosnkowo-imbirową i gotować jeszcze minutę.

c) Dodaj wodę lub bulion i dobrze wymieszaj; podgrzewać, aż zupa zacznie się gotować. Dodaj groszek i gotuj przez 5 minut, aż groszek stanie się jasnozielony

d) Wyjmij zupę z ognia i usuń liście laurowe. Dodaj sól i pieprz, a następnie zmiksuj blenderem. Ewentualnie odstaw zupę do ostygnięcia przez 10 minut, a następnie wlej do zwykłego blendera.

e) Przykryj (użyj ręcznika kuchennego – nie dotykaj bezpośrednio blendera) i miksuj przez kilka minut, aż zupa będzie gładka. Podawać z kruszonym serem i szczyptą kminku, jeśli chcesz

62. Włoska Zupa Z Kurczaka

Składniki:

- 1 łyżka oliwy z oliwek
- 1 zielona papryka, pokrojona w kostkę
- 1 mała cebula, posiekana
- 3 duże ząbki czosnku, posiekane
- 1 łyżka suszonej bazylii
- 2 łyżeczki nasion kopru włoskiego
- 1/4 łyżeczki suszonej pokruszonej czerwonej papryki
- 6 filiżanek konserwowego bulionu z kurczaka o niskiej zawartości soli
- 2 średnie cukinie, pokrojone w kostkę
- 1 marchewka, pokrojona w kostkę
- 1 opakowanie 9 uncji świeżego sera ravioli
- 1 1/2 szklanki pokrojonego w kostkę gotowanego kurczaka
- Tarty parmezan

Wskazówki:

a) Rozgrzej olej w ciężkim dużym rondlu na średnim ogniu. Dodaj paprykę, cebulę, czosnek, bazylię, nasiona kopru włoskiego i pokruszoną czerwoną paprykę i smaż, aż warzywa będą miękkie, około 10 minut. Dodaj bulion.

b) Przykryj garnek i gotuj na wolnym ogniu 10 minut. Dodaj cukinię i marchewkę. Przykryj i gotuj na wolnym ogniu, aż marchewka będzie prawie miękka, około 5 minut. Zwiększ ogień i zagotuj zupę. Dodaj ravioli i gotuj do miękkości, około 5 minut. Dodaj kurczaka i gotuj tylko do podgrzania, około 1 minuty.
c) Dopraw zupę do smaku solą i pieprzem. Zupa chochlowa do misek. Podawaj, podając ser osobno.

63. Zupa z serem jalapeno

Składniki:

- 6 szklanki bulionu z kurczaka
- 8 łodyg selera
- 2 szklanki pokrojonej w kostkę cebuli
- 3/4 łyżeczki soli czosnkowej
- 1/4 łyżeczki białego pieprzu
- 2lb sera Velveeta
- 1 szklanka pokrojonych w kostkę papryczek jalapenos
- Kwaśna śmietana
- Tortille z mąki

Wskazówki:

a) Pokrój w kostkę łodygi selera, cebulę i jalapenos. Velveeta pokroić w kostkę.
b) Do dużego rondla włożyć bulion z kurczaka, seler, cebulę, sól czosnkową i biały pieprz. Gotuj na dużym ogniu przez 10 minut lub do momentu, gdy masa zredukuje się i lekko zgęstnieje.
c) W blenderze lub robocie kuchennym umieść bulion i ser. Zmiksuj je razem, aż masa będzie gładka. Włóż zmiksowaną mieszankę do rondla i

gotuj przez 5 minut. Dodaj pokrojoną w kostkę paprykę i dobrze wymieszaj.

d) Podawaj z porcją kwaśnej śmietany i ciepłymi tortillami z mąki mącznej.

64. Pasztet z Łososia

Składniki:
- 8 uncji sera śmietankowego
- 1 łyżeczka chrzanu
- 1 łyżka soku z cytryny
- 1 łyżka Gotowanego Łososia
- 2 łyżeczki mielonej cebuli
- 2 łyżki posiekanej świeżej pietruszki
- 1/4 łyżeczki płynnego dymu

Wskazówki:

a) W misce miksujemy serek śmietankowy, chrzan, sok z cytryny, gotowanego łososia, cebulę, pietruszkę i płynny dym wędzarniczy.

b) Przenieś mieszaninę do miski do serwowania; udekorować gałązkami pietruszki.
c) Podawać z żytem lub krakersami. Na 2 szklanki pasztetu z łososia.

65. Pudding Pecan

Składniki:
- 1 łyżka masła lub margaryny
- 1 szt. ubitego białka jaja
- 1/3 szklanki ciemnego syropu kukurydzianego
- 1/4 łyżeczki wanilii
- 2 łyżki niebielonej mąki
- 1/8 łyżeczki proszku do pieczenia
- 1/4 szklanki posiekanych orzechów pekan
- Cukier puder

Wskazówki:

a) W 15-uncjowym kubku z kremem w mikrofalówce masło lub margarynę, bez przykrycia, na 100% mocy przez 30 do 40 sekund lub po prostu do rozpuszczenia.
b) Wymieszaj masło w kubku z kremem, pokrywając boki i spód.
c) Wlej nadmiar masła z kubka budyniowego do ubitego jajka.
d) Wymieszać z ciemnym syropem kukurydzianym i wanilią.
e) Wymieszaj mąkę i proszek do pieczenia.
f) Mieszankę mąki wmieszać do masy jajecznej. Delikatnie dodać posiekane orzechy pekan.
g) Wlej mieszankę orzechów pekan do posmarowanego masłem 15-uncjowego kubka budyniowego. Kuchenka mikrofalowa, bez

przykrycia, na 50% mocy przez 3 do 4 minut lub do momentu, gdy mieszanina orzechów po prostu się zwiąże, obracając kubek z kremem o pół obrotu co minutę.

h) Przesiej trochę cukru pudru. W razie potrzeby podawać na ciepło z jasną śmietaną.

66. Tarty Bezowe z Truskawkami

Składniki:

- 1 szklanka cukru
- 1/2 łyżeczki proszku do pieczenia
- 1/8 łyżeczki soli
- 3 szt. Białka Jaj
- 1 łyżeczka wanilii
- 1 łyżeczka octu
- 1 łyżeczka wody
- Świeże truskawki w plasterkach

Wskazówki:

a) Przesiej cukier z proszkiem do pieczenia i solą.
b) Połącz białka, wanilię, ocet i wodę.
c) Mieszankę cukru dodawać po 1/2 łyżeczki na raz do białek jajek, na przemian z kilkoma kroplami płynu, stale ubijając. Gdy wszystko się połączy, kontynuuj bicie przez kilka minut.
d) Ułóż duże łyżki na blasze do pieczenia i uformuj w płytkie kubki.
e) Piec w temperaturze 225 stopni F. przez 45 minut do 1 godziny.
f) Bezy szybko wyjąć z blachy i schłodzić na ruszcie.
g) Napełnij truskawkami.

67. Szybki Deser Z Rodzynkami

Składniki:

- 1 łyżka białego cukru
- 1 łyżka mąki
- 2 łyżeczki sody oczyszczonej
- Szczypta soli
- 1 rodzynki
- 1/2 szklanki mleka

Wskazówki:

a) Połącz cukier, mąkę, sodę oczyszczoną i sól. Dobrze wymieszaj; wymieszać z rodzynkami i mlekiem.
b) Włóż do wysmarowanej tłuszczem patelni 8 x 11 cali i piecz w temperaturze 350 stopni przez 30-35 minut.

68. Mus z likieru kawowego

Składniki:

- 4 jajka, oddzielone
- 1/4 szklanki likieru kawowego
- 1/4 szklanki syropu klonowego
- 1/8 szklanki koniaku
- 1 szklanka wody
- 1 szklanka śmietany do ubijania

Wskazówki:

a) W blenderze lub trzepaczką elektryczną zmiksuj żółtka, syrop klonowy i wodę. Przełóż do rondla i zagotuj. Zdejmij z ognia i dodaj likier kawowy i koniak. Chłod.

b) Ubijaj śmietanę i białka jajek, aż uformują się miękkie szczyty.

c) Ostrożnie włóż do schłodzonej mieszanki likierowej.

d) Przełóż do szklanek demitasse i schłódź 2 godziny.

69. Batony z masłem orzechowym

Składniki:
- 1/2 szklanki kremowego masła orzechowego
- 1/4 szklanki masła lub margaryny
- 1 łyżka jasnobrązowego cukru, pakowana
- 2 jajka
- 1 łyżeczka wanilii
- 2/3 szklanki nieprzesianej mąki uniwersalnej
- 1 łyżka posiekanych solonych orzeszków ziemnych
- 16 pocałunków czekoladowych, nieopakowanych

Wskazówki:

a) Utrzeć masło orzechowe, masło i brązowy cukier w misce miksera na puszystą masę. Dodaj jajka i wanilię; bić dobrze. Wymieszaj mąkę, wymieszaj 3/4 szklanki posiekanych orzeszków ziemnych.
b) Rozłóż równomiernie na natłuszczonej kwadratowej patelni o wymiarach 9x9x2 cali.
c) Posyp pozostałymi orzeszkami ziemnymi.
d) Piec w temperaturze 350 F przez 25 do 30 minut lub do lekkiego zarumienienia.
e) Wyjmij z piekarnika; natychmiast naciśnij pocałunki czekoladowe w górę, pozostawiając miejsce na pocięcie batoników na kwadraty.
f) Fajnie całkowicie; wyjąć z patelni.

70. Dekadencki tort lodowy

Składniki:

- 2 1/4 makaroników; pokruszone, podzielone
- 3 c Lody czekoladowe; lekko zmiękczona
- 5 batoników wrzosowych; grubo posiekane
- 4 łyżki syropu czekoladowego
- 3 łyżki kahlua
- 3 szklanki lodów waniliowych; lekko zmiękczona

Wskazówki:

a) Na dno okrągłej tortownicy o średnicy 8 cali wyłóż 1 1/4 szklanki makaroników. Rozłóż równomiernie lody czekoladowe na makaronikach.
b) Posyp 4 pokruszone batoniki Heath na lody.
c) Osuszyć 3 łyżki syropu czekoladowego i 2 łyżki
d) Kahlua nad lodami czekoladowymi. Przykryj pozostałymi makaronikami. Na wierzch równomiernie posyp lodami waniliowymi. Posyp pozostałe pokruszone batony Heath na lody, następnie syrop czekoladowy i Kahlua.
e) Przykryj i zamroź na co najmniej 8 godzin lub na noc.
f) Gdy będziesz gotowy do podania, przesuń ostrze noża kuchennego po krawędziach
g) z patelni, zdejmij boki i połóż ciasto lodowe na półmisku do serwowania. Pokrój i podawaj.

71. Sałatka Czerwona

Składniki:
- 6 uncji Galaretki Wiśniowej
- 4 uncje Cukierków Red Hots
- 3 c Wrząca woda
- 20 uncji Ananasa, Rozdrobnionego, Nieodsączonego
- 2 łyżki sosu jabłkowego

Wskazówki:

a) Rozpuść galaretę i cynamon red hot we wrzącej wodzie; odstawić i ostudzić do temperatury pokojowej.
b) Gdy galaretka ostygnie, dodaj ananasa i mus jabłkowy. Wlać do naoliwionej foremki na 8 filiżanek.

72. Czekoladowe kwadraty z masłem orzechowym

Składniki:

- 1 1/3 szklanki masła orzechowego, gładkiego lub chrupiącego
- 2/3 szklanki cukru pudru
- 2 łyżki mąki uniwersalnej
- 2 białka jaj
- 1 1/4 szklanki posiekanych orzechów włoskich, podzielonych
- 5 batonów mlecznej czekolady o wadze 1,65 uncji

Wskazówki:

a) Rozgrzej piekarnik do 325 stopni.
b) W średniej misce wymieszać masło orzechowe, cukier, mąkę i jajko
c) upławy; dodaj 3/4 szklanki orzechów włoskich.
d) Rozprowadź mieszaninę w lekko natłuszczonej patelni o wymiarach 9 na 13 cali.
e) Piecz przez 10 do 12 minut lub do lekkiego zarumienienia na brzegach. W międzyczasie połam czekoladę na kawałki o wielkości 1 do 2 cali.
f) Usuń ciasteczka z piekarnika; natychmiast połóż czekoladę na ciasteczkach. Wróć do

piekarnika i piecz jeszcze przez 1 minutę. Wyjmij z piekarnika; Roztopioną czekoladę posmaruj ciasteczkami, a następnie posyp pozostałymi orzechami włoskimi.

g) Pokrój w kwadraty na ciepło.

73. Brzoskwiniowy Deser Melba

Składniki:
- 2 c Brzoskwinie; pokrojone, obrane
- 2 łyżki malin
- 3/4 szklanki cukru
- 2 łyżki wody
- Lody; wanilia

Wskazówki:

a) W rondelku zagotuj brzoskwinie, maliny, cukier i wodę.
b) Zmniejsz ogień i gotuj 5 minut.
c) W razie potrzeby schłódź.
d) Podawać z lodami.

74. Mrożony Jogurt Cynamonowo Orzechowy

Składniki:
- 4 szklanki jogurtu waniliowego
- 1 łyżka cukru
- 1/2 łyżeczki cynamonu
- Sól
- 1 łyżka śmietany do ubijania
- 1 łyżeczka wanilii
- 1 c kawałków orzecha włoskiego

Wskazówki:

a) W misce dokładnie wymieszaj jogurt, cukier, cynamon i sól. Wymieszać z bitą śmietaną i wanilią. Dodaj orzechy.
b) Przykryj i wstaw do lodówki na 30 minut.
c) Zamrozić zgodnie z zaleceniami producenta.

75. Krówka pięciominutowa

Składniki:

- 2/3 szklanki mleka odparowanego
- 1-2/3 szklanki cukru
- 1/2 łyżeczki soli
- 1-1/2 szklanki pianek (najlepiej działają miniatury)
- 1-1/2 szklanki chipsów czekoladowych (półsłodkie)
- 1 łyżeczka wanilii

Wskazówki:

a) Połącz mleko, cukier i sól w rondlu na średnim ogniu.
b) Doprowadź do wrzenia i gotuj przez 4-5 minut, cały czas mieszając (rozpocznij odmierzanie czasu, gdy mieszanina zacznie "bulgotać" wokół rogów patelni). Usuń z ognia. Dodaj pianki, chipsy czekoladowe i wanilię. Mieszaj energicznie przez 1 minutę (lub do momentu całkowitego stopienia i wymieszania pianek). Wlać do posmarowanej masłem kwadratowej patelni o przekątnej 8 cali. Schłodzić, aż nie wypadnie ani nie rozleje się na patelni.

c) Lubisz orzechy? Dodaj 1/2 szklanki posiekanych orzechów przed wlaniem na patelnię.

76. Skórka Migdałowo-Owsiana

Składniki:

- 1c. mielone migdały
- 1c. mąka owsiana
- 1/2 łyżeczki soli
- 1/4 dol. woda lub sok

Wskazówki:

a) Zmiel migdały i płatki owsiane w blenderze na drobno lub zmiel płatki owsiane i migdały w robocie kuchennym, dodając sól i wodę podczas pracy robota. DODAJ sól, dobrze mieszając. Dodaj wodę. Dobrze wymieszaj. WCIŚNIJ do formy do ciasta lub rozwałkuj wałkiem pomiędzy dwoma kawałkami papieru woskowanego.

b) Piec w 350° przez 15 minut. WYDAJNOŚĆ: 1 ciasto.

77. Deser Jabłkowy Fantasy

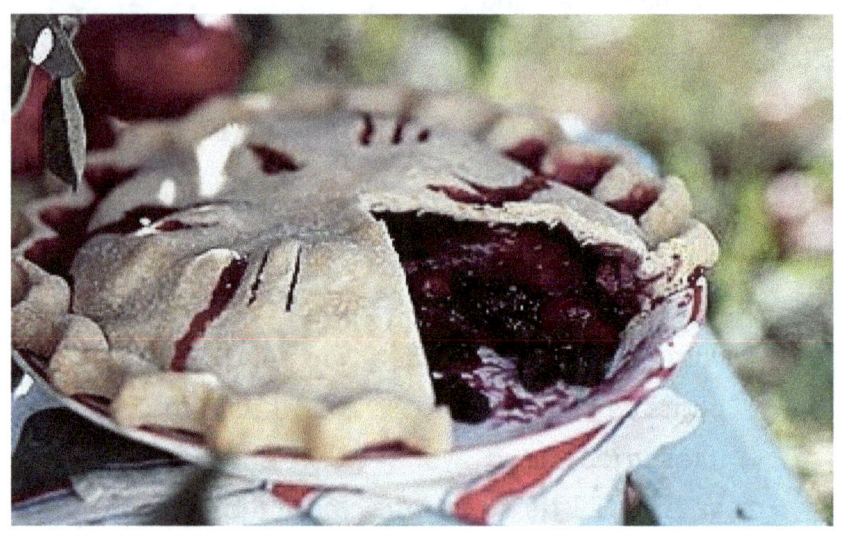

Składniki:

- 2/3 w. mąka
- 3 łyżeczki proszku do pieczenia
- 1/2 łyżeczki soli
- 2 jajka
- 1c. cukier granulowany
- 1/2 dol. brązowy cukier
- 3 łyżeczki wanilii lub rumu lub bourbon
- 3c. Jabłka pokrojone w kostkę

Wskazówki:

a) Ubić jajka, dodać cukier i wanilię i dobrze ubić. Dodaj suche składniki i wymieszaj. Wrzuć jabłka i mieszaj do równomiernego rozprowadzenia. Włóż do głębokiego naczynia do pieczenia lub naczynia do sufletu.
b) Piec 45 minut w 350. Podawaj na ciepło.

78. Lody o smaku awokado

Składniki:

- awokado
- sok cytrynowy
- 1 puszka (400ml) pełnotłustego mleka kokosowego
- 1 szklanka / 100g preferowanego słodzika w płynie, takiego jak syrop klonowy lub syrop z agawy

Wskazówki:

a) Wstaw puszkę mleka kokosowego do lodówki na noc.
b) Przekrój awokado na pół, wyjmij pestkę i wyciśnij miąższ awokado.
c) Miąższ awokado włożyć do robota kuchennego razem z sokiem z cytryny i zmiksować na idealnie gładki krem z awokado.
d) Otwórz puszkę po mleku kokosowym do góry nogami (tak, aby twarda śmietana była na wierzchu).
e) Wysypuj krem kokosowy, aż trafisz na wodę kokosową
f) Ubij śmietankę kokosową w misce na miękką, miękką bitą śmietanę kokosową. Dodaj

śmietanę z awokado i syrop ryżowy i mieszaj, aż się połączą.
g) Włóż lody do naczynia z zamrażarką.
h) Umieść go w zamrażarce na co najmniej 4 godziny.
i) Jeśli po 4 godzinach jest zbyt trudne do wyciągnięcia łyżką, pozostaw ją w temperaturze pokojowej na minutę lub dwie. Cieszyć się!

79. Ciasto z kremem bananowym

Składniki:

- 3c. MLEKO SOJOWE (58)
- 1/2 dol. miód
- 1/2 dol. surowe orzechy nerkowca
- 1/4 łyżeczki soli
- 1/3 w. skrobia kukurydziana
- 2 łyżeczki wanilii
- 1/3 w. pestki daktyli
- 2-3 pokrojone banany

Wskazówki:

a) SKRÓCIĆ wszystkie składniki z wyjątkiem bananów. Wlać do rondla i gotować na średnim ogniu, aż zgęstnieje, ciągle mieszając. Wlej cienką warstwę mieszanki „custard" do upieczonej skorupki ciasta lub warstwy granoli, a następnie DODAJ warstwę pokrojonych bananów.

b) Powtórz, a następnie dodaj pozostały krem i udekoruj pokrojonymi migdałami. CHŁODZIĆ przez noc i podawać na zimno.

80. Jagodowy głupiec

Składniki

- 1 opakowanie (12 uncji) mrożonych malin lub truskawek (nie w syropie), rozmrożonych
- 1/4 szklanki plus 1 łyżka cukru, podzielone
- 1 szklanka ciężkiej śmietany do ubijania

Wskazówki

a) W blenderze lub robocie kuchennym połącz maliny lub truskawki z 1/4 szklanki cukru. Miksuj, aż jagody zostaną zmiksowane, w razie potrzeby zeskrobując boki.

b) W dużej misce ubij gęstą śmietanę mikserem, aż uformują się miękkie piki. Dodaj pozostałą 1 łyżkę cukru i kontynuuj ubijanie, aż uformują się sztywne szczyty.

c) Za pomocą gumowej szpatułki delikatnie ułóż puree malinowe, pozostawiając smugi białej śmietany do ubijania. Przełóż łyżkę do czterech pojedynczych szklanek parfait. Wstaw do lodówki na 2 godziny, a następnie podawaj.

81. Tiramisu z jagodami

Składniki

- 1 1/2 filiżanki parzonej kawy
- 2 łyżki sambuca
- 1 łyżka cukru pudru
- 1 funtowy pojemnik serka mascarpone
- 1/4 szklanki ciężkiej śmietany
- 2 łyżki cukru cukierniczego
- Ciasteczka biszkoptowe
- Kakao w proszku
- 2 szklanki mieszanych jagód

Wskazówki

a) W płytkiej misce wymieszaj razem 1 1/2 filiżanki parzonej kawy, 2 łyżki sambuca i 1 łyżkę cukru pudru, aż cukier się rozpuści.

b) W osobnej misce wymieszaj jeden półkilogramowy pojemnik serka mascarpone, 1/4 szklanki gęstej śmietany i 2 łyżki cukru pudru.

c) Używając wystarczającej ilości biszkoptów, aby przykryć dno 8-calowej kwadratowej formy do pieczenia, zanurz biszkopty w mieszance kawy i ułóż równą warstwę na dnie patelni.

d) Rozłóż połowę masy z mascarpone na wierzchu. Powtórz dwie warstwy. Posyp kakao w proszku i 2 szklankami mieszanych jagód. Tiramisu należy przechowywać w lodówce przez co najmniej 2 godziny do 2 dni.

82. Karmelki z masłem i rumem

Składniki

- Olej roślinny do smarowania
- 2 szklanki zapakowanego jasnobrązowego cukru (14 uncji)
- 1 szklanka gęstej śmietany
- 1/2 laski (1/4 szklanki) niesolonego masła
- 1/4 łyżeczki soli
- 1/4 szklanki plus 1 łyżeczka ciemnego rumu
- 1/4 łyżeczki wanilii
- Wyposażenie specjalne: pergamin; termometr cukierkowy lub w głębokim tłuszczu

Wskazówki:

a) Wyłóż spód i boki 8-calowej kwadratowej formy do pieczenia papierem do pieczenia i pergaminem olejnym.

b) Zagotuj brązowy cukier, śmietanę, masło, sól i 1/4 szklanki rumu w ciężkim rondlu o pojemności od 3 do 4 litrów, mieszając, aż masło się rozpuści, a następnie gotuj na umiarkowanym ogniu, często mieszając, aż termometr zarejestruje 248° F (etap piłki twardej), około 15 minut. Zdjąć z ognia i dodać wanilię oraz pozostałą łyżeczkę rumu. Wlać do formy do pieczenia i całkowicie schłodzić, aż będzie twarda, przez 1 do 2 godzin.

c) Odwróć karmel na deskę do krojenia, a następnie wyrzuć pergamin i obróć karmel błyszczącą stroną do góry. Pokrój na 1-calowe kwadraty.

83. Kandyzowana skórka cytrusowa

Składniki:

- skórka z 4 cytryn, 3 pomarańcze lub 2 grejpfruty
- 1 szklanka cukru
- 1/3 szklanki wody

Wskazówki

a) Najpierw gotuj skórkę na wolnym ogniu w 1 kwarcie wody przez 6 min. Odcedź, spłucz zimną wodą i odstaw na bok. Zagotuj cukier i wodę.
b) Gdy cukier się rozpuści, przykryj patelnię i gotuj kilka minut, aż ostatnie krople syropu opadną z końcówki metalowej łyżki, tworząc nić. Zdjąć z ognia, dodać skórkę i zaparzać przez 1 godz.
c) Gotowy do użycia lub przechowywany w lodówce.

84. Kardamonowo-Kokosowa Panna Cotta

Składniki

- 1 szklanka niesłodzonych płatków kokosowych
- 3 szklanki gęstej śmietany
- 1 szklanka maślanki
- 4 zielone strąki kardamonu, lekko zmiażdżona sól koszerna Szczypta
- 2 łyżeczki granulowanej żelatyny
- 1 łyżka wody
- ⅓ szklanka cukru pudru
- łyżeczka wody różanej

Wskazówki

a) Rozgrzej piekarnik do 350°. Rozsyp kokos na blasze i włóż do piekarnika. Piecz, aż się przyrumieni i zrumieni, około 5 minut. Wyjąć z piekarnika i odstawić.

b) W średnim rondlu na średnim ogniu wymieszać śmietanę, maślankę, kardamon i sól i zagotować. Zdejmij patelnię z ognia, dodaj prażony kokos i odstaw na 1 godzinę. Przecedź mieszaninę przez sito o drobnych oczkach i odrzuć ciała stałe.

c) W średniej misce połącz żelatynę i wodę. Odstawić na 5 minut.

d) W międzyczasie ponownie rozgrzej rondel na średnim ogniu, dodaj cukier i gotuj, aż cukier się rozpuści, około 1 minuty. Ostrożnie wylej odcedzoną śmietankę na mieszankę żelatyny i ubij, aż żelatyna się rozpuści. Ubij wodę różaną i podziel mieszaninę na 8 kokilek o wadze czterech uncji. Wstawić do lodówki i schłodzić do stwardnienia, co najmniej 2 godziny do nocy

e) Zrób kandyzowane płatki róż: Blachę do pieczenia wyłóż papierem do pieczenia. W małej misce wymieszać cukier i kardamon. Użyj pędzla do ciasta, aby posmarować obie strony każdego płatka róży białkiem jaja i ostrożnie zanurz w cukrze. Odstawić do całkowitego wyschnięcia na papierze pergaminowym

f) Podawaj schłodzoną panna cottę i udekoruj każdą porcję płatkami róż.

85. Krem brulee z cykorii

Składniki:

- 1 łyżka masła
- 3 szklanki gęstej śmietany
- 1 1/2 szklanki cukru
- 1 szklanka kawy z cykorii
- 8 żółtek jajek
- 1 szklanka cukru surowego
- 20 małych kruchych ciasteczek

Wskazówki

a) Rozgrzej piekarnik do 275 stopni F. Posmaruj 10 (4 uncji) kokilek. W rondelku na średnim ogniu wymieszać śmietankę, cukier i kawę.

b) Ubijaj, aż będzie gładka. W małej misce ubij jajka, aż będą gładkie. Temperuj żółtka do gorącej śmietany. Zdejmij z ognia i ostudź. Kadzi do poszczególnych kokilek. Kokilki włożyć do naczynia do pieczenia.

c) Napełnij naczynie wodą z połowy kokilki. Umieścić w piekarniku na dolnym ruszcie i gotować, aż środek się zetnie, około 45 minut do 1 godziny.

d) Wyjmij z piekarnika i wody. Fajnie całkowicie.

e) Wstaw do lodówki do schłodzenia. Posyp cukrem po wierzchu, strzepując nadmiar. Używając ręcznej pochodni, skarmelizuj cukier na wierzchu. Podawaj krem brulee z kruchymi ciasteczkami.

86. Miętowe Fondue Czekoladowe

Składniki:

- 1/2 szklanki ciężkiej śmietany
- 2 łyżki likieru miętowego
- 8 uncji półsłodkiej czekolady

Wskazówki

a) Śmietankę gęstą podgrzej na średnim ogniu
b) Dodaj likier
c) Czekoladę zetrzyj na tarce lub połam na małe kawałki i powoli dodawaj do masy, mieszając
d) Mieszaj, aż czekolada się rozpuści

87. Budyń Czekoladowy z Toppers

Składniki

- 1/2 szklanki cukru pudru
- 1/3 szklanki niesłodzonego kakao w proszku, przesianego
- 3 łyżki mąki kukurydzianej 1/8 łyżeczki soli
- ½ szklanki 1% odtłuszczonego mleka
- 1/2 szklanki niskotłuszczowego jogurtu waniliowego
- 1 łyżeczka ekstraktu waniliowego
- Opcjonalne dodatki: pokruszone krakersy graham, posiekane orzechy, muesli, jagody, maliny, pokrojone banany, pokrojone truskawki, lekka bita śmietana

Wskazówki

a) W średnim rondlu wymieszaj cukier, kakao, skrobię kukurydzianą i sól. Stopniowo ubijaj mleko, aż dobrze się połączy.

b) Ustawić na średnim ogniu i zagotować, cały czas mieszając. Zmniejsz ogień i gotuj dalej, delikatnie mieszając, aż masa lekko zgęstnieje, około 2 minut.

c) Zdejmij z ognia i wymieszaj jogurt i wanilię. Przełóż miksturę do 6 oddzielnych miseczek. Przykryj folią lub papierem woskowanym (zapobiegnie to tworzeniu się filmu) i schłódź przez co najmniej 1 godzinę. Posyp dodatkami według uznania i podawaj.

88. Czekoladowo-Toffi Cracker Crunch

Składniki:

- 1,5 rękawa krakersów słonych lub 6-8
- arkusze macy (wystarczy na wypełnienie blachy do pieczenia 11x17)
- 1 patyczek (8 łyżek) masła
- 1 szklanka ciemnobrązowego cukru
- 2 szklanki słodko-gorzkich chipsów czekoladowych
- 1 łyżeczka soli morskiej plus więcej do posypania

Wskazówki

a) Rozgrzej piekarnik do 350°F. Umieść słone sosy w wyłożonej blasze do pieczenia, starając się, aby były jak najściślej dopasowane. Łam solanki, aby dopasować krawędzie lub wypełnić wszelkie dziury. Odłóż połamane kawałki na później.

b) W małym rondelku roztop razem masło i cukier na średnim ogniu, mieszając od czasu do czasu, aby karmel się nie przypalił. Podgrzej karmel do wrzenia i gotuj przez 2 minuty. Wymieszaj sól, a następnie polej krakersy, rozprowadzając

żaroodporną szpatułką, aby zakryć brakujące miejsca (toffi bardzo szybko gęstnieje, więc upewnij się, że robisz to szybko).
c) Piecz krakersy toffi przez 10 minut, aż toffi zacznie bulgotać. Wyjąć z piekarnika i schłodzić przez 1 minutę.
d) Gorące toffi posyp kawałkami czekolady. Pozostaw je na kilka minut, aż zaczną się topić. Rozłóż czekoladę na toffi równą warstwą. Zmiażdż pozostałe kawałki soli na małe okruchy (lub zmiażdż 5-7 soli na okruchy) i posyp czekoladę, gdy jest gorąca. Możesz również posypać czekoladę solą morską.
e) Schłodzić krakersy, aż czekolada stwardnieje.
f) Połam na kawałki i przechowuj w hermetycznym pojemniku do tygodnia.

89. Fondue

Składniki:

- 1 szklanka cydru jabłkowego (do wymieszania z serem)
- 1/4 szklanki cydru jabłkowego (do mieszania ze skrobią kukurydzianą i musztardą)
- 2 łyżeczki soku z cytryny
- 1 łyżka cebuli (drobno posiekanej)
- 3 szklanki sera cheddar (rozdrobnionego)
- 1 łyżka mąki kukurydzianej
- 2/3 łyżeczki musztardy w proszku
- Pieprz biały (do smaku)

Wskazówki

a) Podgrzej cydr, sok z cytryny i cebulę na średnim ogniu w rondelku do fondue
b) Powoli dodawaj ser, mieszając
c) Wymieszaj skrobię kukurydzianą i musztardę w 1/4 szklanki cydru jabłkowego
d) Dodaj mieszankę do sera
e) Dodaj biały pieprz do smaku

90. Hawajskie ciasto budyniowe

Składniki

- 1 duże (6 porcji) opakowanie pudding waniliowy instant i nadzienie do ciasta
- 2 szklanki mleka
- 2 łyżki roztopionego masła
- 1 szklanka mrożonej ubitej polewy, rozmrożonej (jeden 8-uncjowy pojemnik odpowiada 3-1/2 filiżanki)
- 1 przygotowana (9-calowa) krakersowa skórka do ciasta graham
- 1/2 szklanki prażonego płatka kokosowego (opcjonalnie)

Wskazówki

a) W dużej misce przygotuj budyń zgodnie ze wskazówkami na opakowaniu, używając 2 filiżanek mleka. Złożyć masło i ubić posypkę, a następnie wlać masę do ciasta.
b) Wstawić do lodówki na 4 godziny lub do stwardnienia.
c) Posyp prażonym kokosem tuż przed podaniem, jeśli chcesz. Jeśli masz pod ręką tylko 4 porcje puddingu waniliowego, otwórz 2 z nich, odmierz i użyj 2/3 szklanki mieszanki budyniowej.

91. le cordon bleu

Składniki
- 3 jabłka
- masło
- cukier
- 3 jabłka
- glazura morelowa
- 50 g masła
- 50 g cukru
- 1 cytryna
- 50 ml wody

Wskazówki

a) Rozgrzej piekarnik do 180°C. Posyp blat mąką, rozwałkuj ciasto na około 3 mm. Ciasto rozwałkować na wałku lub złożyć na pół, a następnie luźno rozłożyć na blasze do ciasta.

b) Wciśnij ciasto na patelnię palcami. Kciukiem i palcem wskazującym uformuj 1 cm poziomą wargę wokół wewnętrznej strony obręczy, a następnie przetocz wałkiem po obręczy, aby odciąć nadmiar ciasta.

c) Uszczypnij palcami wargę ciasta w ozdobny kształt. Nakłuj spód skorupki ciasta widelcem i wstaw do lodówki na 10 minut. Upiecz na ślepo tartę, wyjmij z piekarnika i ostudź.

d) Przygotuj kompot jabłkowy: Obierz jabłka i wydrąż je. Pokrój jabłka na małe kwadraty.

e) Roztop masło bez barwienia w rondlu z grubym dnem na średnim ogniu. Dodaj pokrojone jabłka, cukier, sok z cytryny i wodę.
f) Często mieszaj jabłka drewnianą łyżką do miękkości i złocistobrązowego, około 20 do 30 minut. Zdejmij z ognia i lekko ostudź.
g) Włóż kompot jabłkowy do ślepej upieczonej skorupki tarta.
h) Obierz i wydrąż pozostałe jabłka. Przetnij każdy na pół. Połóż każdą połowę płasko na powierzchni roboczej i pokrój w poprzek na
i) Plastry o grubości 3mm. Jabłko układać zaczynając od zewnętrznej krawędzi i przechodząc do środka w kierunku środka.
j) Na plasterki jabłek posmarować wierzchem łyżki zmiękczone masło wymieszane z cukrem.
k) Owinąć folią aluminiową ugotowaną wargę tarta, aby chronić przed przypaleniem podczas gotowania. Piecz w piekarniku przez około 25 minut lub do momentu, aż jabłka będą miękkie i złocistobrązowe. Wyjmij i pozostaw do ostygnięcia na stojaku na ciasto.
l) Podgrzej polewę morelową w małym rondlu. delikatnie posmaruj plastry jabłka, aby całkowicie pokryły polewą. Podawaj na ciepło lub na zimno.

92. Soczyste batoniki cytrynowe Meyera

Składniki
Do skorupy:

- 1/2 funta niesolonego masła w temperaturze pokojowej
- 1/2 szklanki cukru pudru
- 2 szklanki mąki
- 1/8 łyżeczki koszernej soli

Do nadzienia:

- skórka z 5 cytryn Meyera
- 1 2/3 szklanki cukru pudru
- 4 bardzo duże jajka w temperaturze pokojowej
- 2/3 szklanki świeżo wyciśniętego soku z cytryny
- 2/3 szklanki mąki, przesianej
- cukier puder do posypania

Wskazówki

a) Rozgrzej piekarnik do 350 ° F. Utrzeć razem masło i cukier na jasną i puszystą masę. Połącz mąkę i sól i wymieszaj z masłem, aż się połączą.

b) Wrzuć ciasto na posypaną mąką powierzchnię roboczą i zbierz w kulkę. Spłaszcz ciasto i wciśnij do dobrze natłuszczonej formy do pieczenia o wymiarach 9 x 13, tworząc 1/2-calową skórkę. Schłodź przez 20 minut.

c) Piecz skórkę przez 15-20 minut, aż lekko się zarumieni. Niech skórka ostygnie.

d) Przygotuj nadzienie: zetrzyj cytryny ze skórki i połącz z cukrem opuszkami palców, aż cukier stanie się lekko zbrylony i pachnie. Ubij mieszankę cukru z jajkami, sokiem z cytryny i mąką na gładką i błyszczącą masę.

e) Wylej twaróg na schłodzoną skórkę i piecz przez 30-35 minut, aż nadzienie się zetnie. Schłodź do temperatury pokojowej przed przesianiem cukru pudru na wierzchu. Pokrój w kwadraty i podawaj.

93. Ciasto Milionera

Składniki

- 1 puszka (20 uncji) kawałków ananasa w ciężkim syropie, odsączonych
- 1 szklanka posiekanych orzechów pekan
- 1 puszka (14 uncji) słodzonego skondensowanego mleka
- 2 łyżki świeżego soku z cytryny
- 2 filiżanki mrożonej ubitej polewy, rozmrożonej (pojemnik 8 uncji odpowiada 3-1/2 filiżanki)
- 1 przygotowane 9-calowe ciasto krakersowe z grahamem
- Skorupa

Wskazówki

a) W dużej misce wymieszaj ananasa, orzechy pekan, słodzone mleko skondensowane i sok z cytryny; dobrze wymieszaj. Delikatnie dołożyć ubitą polewkę.

b) Wlej mieszankę do krakersa graham. Schłodź w lodówce przez co najmniej 6 godzin lub na noc.

c) Na wierzch dodaj dodatkowe orzechy pekan i skrop sosem karmelowym, aby uzyskać prezentację prawdziwego „milionera".

94. Pomarańczowe i Kremowe Popsy

Składniki

- Tarta skórka z 1 pomarańczy Czas gotowania: 12 minut
- 1 kwarta lodów waniliowych, zmiękczonych
- 1 kufel pomarańczowego sorbetu, zmiękczony
- 10 patyczków rzemieślniczych

Wskazówki

a) Wyłóż bochenek o wymiarach 9 x 5 cali folią plastikową.
b) W średniej misce wymieszaj startą skórkę pomarańczową z zmiękczonymi lodami waniliowymi.
c) Rozłóż połowę mieszanki lodów waniliowych na dnie bochenka. Rozłóż na nim pomarańczowy sorbet i posyp pozostałą mieszanką lodów waniliowych.
d) Umieść patyki rzemieślnicze w lodach w odległości około dwóch cali w dwóch rzędach. Przykryj i zamroź do twardości.
e) Pokrój na 10 kawałków kawy i podawaj. Przykryj resztki i trzymaj zamrożone.

95. Różowe Ciasto Lemoniadowe

Składniki

- 1 opakowanie (8 uncji) serka śmietankowego, zmiękczonego
- 1 pojemnik (6 uncji) mrożonego koncentratu różowej lemoniady, rozmrożonej
- 1 pojemnik (8 uncji) mrożony bita polewa, rozmrożony
- 4 krople czerwonego barwnika spożywczego (opcjonalnie)
- 1 (9-calowa) przygotowana kruche ciasto kruche

Wskazówki

a) W średniej misce ubij serek śmietankowy na gładką masę. Dodaj koncentrat lemoniady i ubijaj, aż dobrze się połączą. W razie potrzeby wymieszać z ubitą polewą i barwnikiem spożywczym.

b) Włóż łyżkę do ciasta i zamroź 20 minut. Podawaj lub przykryj i schłódź, aż będzie gotowy do podania.

96. Paluszki

Składniki

- 12 uncji posiekanej pół- lub słodko-gorzkiej czekolady
- 2 tuziny dużych lub małych precli
- 12 uncji posiekanej białej czekolady

Wskazówki

a) Rozpuść pół- lub słodko-gorzkiej czekolady, używając podwójnego bojlera lub kuchenki mikrofalowej, aż będzie gładka. Zanurz precle w

b) czekoladę, używając łyżki, aby pokryć wszystkie oprócz dwóch cali każdego pręta. Odczekaj, aż nadmiar czekolady spłynie, a następnie umieść pręciki na blasze wyłożonej pergaminem. Po zanurzeniu wszystkich precli wstaw do lodówki na co najmniej 15 minut.

c) Powoli rozpuść białą czekoladę na podwójnym bojlerze lub w kuchence mikrofalowej. Włóż czekoladę do torebki Ziploc, a następnie wytnij mały otwór w jednym z dolnych rogów, aby utworzyć worek do szprycowania.

d) Wyciśnij dwie małe kropki, aby uformować oczy mumii. Następnie

wyszprycować precel na krzyż, tworząc bandaże mumii, pozostawiając niewielką przestrzeń na oczy i zatrzymując się tam, gdzie kończy się gorzka czekolada. Dodaj bandaże na głowę, nad oczami.
e) Schładzaj na blachach do pieczenia przez dodatkowe 30 minut, a następnie przenieś do hermetycznego pojemnika, z którego przechowujesz jedzenie.

97. Szyszki śnieżne dla dorosłych

Składniki:

Prosty syrop

- 1 szklanka cukru pudru
- 1 szklanka zimnej wody

Śnieżny Rożek

- 1 szklanka wina różowego
- filiżanka syropu prostego 5 filiżanek lodu

Wskazówki

a) Zrób prosty syrop: Umieść cukier i wodę w szczelnym pojemniku, przykryj i wstrząśnij do rozpuszczenia (lub podgrzej cukier i wodę na średnim ogniu w małym rondlu, mieszając aż do rozpuszczenia; następnie ostudź i schłódź przed użyciem).

b) Zrób stożek śnieżny: Umieść róż, syrop cukrowy i lód w blenderze i zmiksuj, aż będzie gładkie i puszyste, od czasu do czasu zatrzymując blender i używając gumowej łopatki zeskrobuj boki pojemnika blendera, jeśli to konieczne.

c) Podawać ułożone w papierowych kubkach, kieliszkach lub małych miseczkach.

98. Mokka Fondue

Składniki

- 8 uncji półsłodkiej czekolady
- 1/2 szklanki gorącego espresso lub kawy
- 3 łyżki cukru pudru
- 2 łyżki masła
- 1/2 łyżeczki ekstraktu waniliowego

Wskazówki

a) Pokrój czekoladę na małe kawałki i odstaw
b) Espresso i cukier podgrzej w rondelku do fondue na małym ogniu
c) Mieszając powoli dodawaj czekoladę i masło
d) Dodaj wanilię
e) Opcjonalnie: dodaj odrobinę Irish Cream
f) Do dipowania: Ciasto anielskie, plasterki jabłka, banany, truskawki, babka, precle, kawałki ananasa, pianki

99. Tiramisu

Składniki:

- 1 funt sera mascarpone, naprawdę świeży
- 1 duża puszka ciemnych wiśni (bez pestek) w syropie (co najmniej 2/3 szklanki płynu) 1/4 szklanki cukru pudru
- 2T rumu plus
- 1/3 szklanki rumu wymieszanego z wodą i odrobiną dodatkowego cukru pudru
- 24 damskie palce

Wskazówki

e) Wymieszaj ser, 1/4 szklanki cukru pudru i 2 łyżki rumu. Podziel na 3 równe części

f) Umieść 8 herbatników obok siebie na bochenku, który jest przynajmniej wystarczająco duży, aby je pomieścić. Wylej 1/3 soku z ciemnej wiśni z puszki na herbatniki, równomiernie rozprowadzając. Warstwę 1/3 masy serowej na herbatniki.

g) Połóż kolejne 8 ciastek obok siebie na mieszance serowej. Nasącz tę warstwę herbatników mieszanką rumu. Ułóż kolejną trzecią masy sera na herbatnikach.

h) Połóż kolejne 8 ciastek obok siebie na mieszance serowej. Namocz tę warstwę herbatników w pozostałej 1/3 szklanki syropu z ciemnej wiśni z puszki. Na herbatniki ułóż ostatnią trzecią część masy serowej.
i) Udekoruj dodatkowymi wiśniami.

100. Turecka rozkosz

Składniki:

- 2 szklanki (1/2 litra) cukru pudru
- 1 1/4 szklanki (300 ml) wody
- 1 cytryna, skórka pokrojona w paski, sok wyciśnięty i odcedzony
- 1 pomarańcza, skórka pokrojona w paski, sok wyciśnięty i odcedzony
- 4 łyżki (60 ml) żelatyny w proszku bez dodatków smakowych
- 2 łyżki (30 ml) cukru pudru
- 1 łyżka (15 ml) skrobi kukurydzianej

Wskazówki

a) Rozpuść cukier granulowany w połowie wody na średnim ogniu. Dodaj paski skórki z cytryny i pomarańczy oraz soki.

b) Doprowadź mieszaninę do wrzenia i gotuj na wolnym ogniu przez 15 minut. Zmiękcz żelatynę mocząc ją przez 5 do 10 minut w pozostałej wodzie. Dodaj żelatynę do syropu cukrowego dobrze mieszając i gotuj przez 10 minut, aż syrop osiągnie stadium nici

c) Przecedź miksturę na płytko zwilżoną patelnię lub na półmiski i pozostaw na 24 godziny. Pokrój cukierka na kwadraty o średnicy 2,5 cm. Przesiej

cukier cukierniczy i mąkę kukurydzianą do płytkiego naczynia.
d) Rozwałkuj kawałki cukierków w mieszance. Przechowuj kwadraty w pudełkach z większą ilością cukru cukierniczego i mąki kukurydzianej między każdą warstwą.

WNIOSEK

Zanim przejdziemy do szczegółów przepisów i smaków zawartych w tej książce, ważne jest zaplanowanie posiłku. Przygotuj się na romantyczną kolację, upewniając się, że będziecie sami. Jeśli masz dzieci, nadszedł czas, aby poprosić o przysługę opieki nad dziećmi.

Po potwierdzeniu daty romantycznego wieczoru czas zaplanować menu. Wszystko, co pozostało do zrobienia, to włączyć muzykę, cieszyć się posiłkiem i wygrzewać się we wzajemnym towarzystwie — jeśli dobrze się bawicie, romantyczna noc w domu za każdym razem bije na głowę restaurację.

www.ingramcontent.com/pod-product-compliance
Lightning Source LLC
Chambersburg PA
CBHW071603080526
44588CB00010B/996